新媒体·新传播·新运营 系列丛书

慕课版

和秋叶一起学

新媒体运营

用户运营＋内容运营＋活动运营＋
产品运营＋社群运营

U0742366

丛书主编／**秋叶**

郭晓斌 袁欣／主编

王晓华 戚萌／副主编

人民邮电出版社

北 京

图书在版编目（CIP）数据

新媒体运营：用户运营+内容运营+活动运营+产品运营+社群运营：慕课版 / 郭晓斌，袁欣主编. -- 2版. -- 北京 ：人民邮电出版社，2022.4
（新媒体·新传播·新运营系列丛书）
ISBN 978-7-115-58710-7

Ⅰ. ①新… Ⅱ. ①郭… ②袁… Ⅲ. ①传播媒介—运营管理 Ⅳ. ①G206.2

中国版本图书馆CIP数据核字(2022)第030535号

内 容 提 要

随着移动互联网的快速发展，各类新媒体平台不断涌现。由于新媒体具有互动性强、信息传播速度快等特点，企业可以通过新媒体平台以更低的推广成本触达更多的目标用户，新媒体平台成为企业首选的营销平台。

本书系统阐述了新媒体运营的概念及企业对新媒体运营从业人员的技能要求，分别讲解了用户运营、内容运营、活动运营、产品运营及社群运营的方法与技巧，介绍了通过案例拆解获取新媒体运营经验的主要方法。

本书体系完整，讲解透彻，既可以作为高等院校相关专业新媒体课程的教材，也可以供广大新媒体行业研究人员和从业人员学习和参考。

◆ 主　　编　郭晓斌　袁　欣
　　副 主 编　王晓华　戚　萌
　　责任编辑　连震月
　　责任印制　王　郁　彭志环
◆ 人民邮电出版社出版发行　　北京市丰台区成寿寺路 11 号
　　邮编　100164　电子邮件　315@ptpress.com.cn
　　网址　https://www.ptpress.com.cn
　　北京市艺辉印刷有限公司印刷
◆ 开本：720×960　1/16
　　印张：12.5　　　　　　　　2022 年 4 月第 2 版
　　字数：197 千字　　　　　　2025 年 6 月北京第 11 次印刷

定价：42.00 元

读者服务热线：(010)81055256　印装质量热线：(010)81055316
反盗版热线：(010)81055315

前　言

编写背景

随着各大新媒体平台的不断发展，越来越多的企业开始通过新媒体运营实现品牌宣传、产品销售等营销目标。企业间的竞争日益激烈，很多企业开始广泛招聘新媒体运营人才，同时对新媒体运营工作的精细化程度要求也越来越高。党的二十大报告指出，加快发展数字经济，促进数字经济与实体经济深度融合，打造具有国际竞争力的数字产体集群。新媒体将是发展数字经济的有力支撑。

运营者要想高效开展精细化的新媒体运营工作，必须不断提升自己的新媒体运营能力，能够针对企业的不同运营目标，并结合不同新媒体平台的特点，制定及实施差异化的运营策略。

为了更好地满足新媒体相关专业的学生和相关从业人员的学习需求，编者根据实际的新媒体运营经验，结合新的新媒体运营方法，编写了本书，希望能够将新媒体运营的新知识和新技能系统地呈现给读者。

本书特色

● 体系完整：本书内容全面、体系完整，同时包含了新媒体运营的概念及实操方法，可以让读者零基础、全方位了解新媒体运营。

● 案例丰富：本书含有大量新颖的新媒体运营案例，可以让读者更为直观、轻松地理解书中所讲授的内容，真正掌握新媒体运营的方法与技巧。

● 注重思考：本书精心设计了大量的思考与练习，旨在引导读者发挥其主观能动性，达到学以致用的目的，切实提升读者的新媒体运营能力。

● 配套慕课：本书配套了慕课视频，读者可以用手机扫描封面二维码，随时随地观看视频，学习新媒体运营的实战技巧和经验。

本书编写组织

本书由郭晓斌、袁欣担任主编，由王晓华、戚萌担任副主编。感谢在本书编写过程中为我们提供案例素材和数据的朋友。尽管我们在编写过程中力求准确、完善，但书中可能还有疏漏与不足之处，恳请广大读者批评指正，在此深表谢意！

编者

2023 年 4 月

目　　录

第1章
新媒体概述

【学习目标】
➢ 了解新媒体的基本概念。
➢ 了解新媒体的发展历程。
➢ 认识不同类型的新媒体平台。
➢ 了解企业和个人通过新媒体获取收益的方式。

近几年，互联网的快速发展，让用户获取信息的主要途径发生了变化。越来越多的用户，开始通过微信公众号、微博、抖音等新媒体平台获取信息。

与报纸、杂志、广播等传统媒体不同，新媒体具有信息双向化、互动性更强、内容多元化及传播速度快等特点，再小的个体都有机会通过新媒体向世界传递信息，这给众多企业及个人带来了更多获取收益的机会，也加速了各大新媒体平台的迅猛发展。

1.1 新媒体概述

在某招聘网站上搜索"新媒体运营"，可以看到在上海有多达 6903 条职位信息，如图 1-1 所示。

由此可见，越来越多的企业正在通过新媒体平台开展营销工作。这是因为相较于传统媒体，新媒体有信息双向化、互动性更强、内容多元化及传播速度快等特点，为企业提供了以低成本向用户传递信息的渠道。运营者只有了解新媒体的概念，明确新媒体与传统媒体的具体区别，才能更好地利用新媒体的优势做好运营工作，帮助企业实现影响力的扩大和收益的增长。

图 1-1　上海地区新媒体运营人员的招聘情况

▶▶▶ 1.1.1　新媒体的广义概念和狭义概念

在新媒体出现以前，信息主要通过包括报纸、期刊、广播、电视等在内的传统媒体进行传递，而随着无线通信技术及网络技术的出现和发展，传统媒体的形态也发生了改变，出现了如数字电视、交互式网络电视、电子报刊等传统媒体的新形态，这就是新媒体的狭义概念。

但在广义层面而言，新媒体不仅是指传统媒体的新形态，也包括一切利用新的技术手段传播信息的载体，如用户熟悉的微信公众号、微博、抖音等新媒体平台。

而新媒体运营，就是指企业通过新媒体平台向用户传递信息，对产品进行宣传及推广的运营手段。新媒体运营的目的，就是帮助企业以较低的成本获得在新媒体平台向用户传递信息的机会，最终获取收益。

▶▶▶ 1.1.2 新媒体与传统媒体的区别

信息的传递可以为企业带来巨大的价值。例如，在传统媒体作为传播主体的时代，企业会通过在报纸、电视上刊登广告的方式，向用户推荐和销售自己的产品。

在新媒体迅速发展的当下，企业向用户传递信息的成本、效率及方式都发生了改变。新媒体与传统媒体的区别，主要体现在以下 4 个方面。

1. 信息双向化

过去，传统媒体对信息进行单向传播，信息通过电视、报纸、杂志等传播出去后，信息发布者较难及时收到用户的反馈。但在新媒体时代，用户既是信息的接收者，也可以成为信息的传播者。在大多数新媒体平台，普通用户都可以随时分享自己身边的"新闻"。

新媒体为用户提供了互相交流的平台，也给很多普通的个人用户带来了变现的机会。用户可以通过新媒体发布信息，吸引其他用户观看，继而实现新媒体平台账号的"涨粉"，再通过接广告、电商卖货等方式获取收益。

2. 互动性更强

新媒体具有更强的互动性。新媒体平台上的用户可以通过点赞、评论等方式与内容发布者进行互动并给予其更多的反馈。一些新媒体平台也收集并分析用户对不同内容的反馈，如停留时长、点赞情况、评论情况等，以此判断用户的内容偏好，便于向用户推送其可能感兴趣的内容。

相较于传统媒体，新媒体更强的互动性可以帮助企业找到更精准的目标用户，投放更有针对性的广告信息，并且可以根据用户的互动反馈判断所推送信息的质量，及时调整推广策略等。

3. 内容多元化

由于在新媒体平台发布内容的门槛很低，大量的普通用户都乐于参与内容的创作及传播，传播内容的来源不再局限于传统媒体机构。内容创作者的增加，让新媒体平台上的内容更加多元化。

在新媒体平台，用户可以通过不同类型的内容满足自己娱乐、学习、了解资讯等多方面的阅读需求。与之相对应，内容创作者可创作的题材也更加多元化，只要发布的内容符合平台规范并且质量过关，都有机会在新媒体平台获得广泛传播。

4．传播速度快

传统媒体上的信息传播速度相对较慢。例如，报刊媒体想刊登一则新闻，往往需要经过编辑、排版、印刷、发行等多个环节，从新闻事件的发生，到用户阅读到相关报道，可能需要数小时。即使是传播速度相对较快的电视媒体，其大部分播出的内容也是事先编辑和安排过的，实况直播的内容较为少见。

由于互联网的出现及技术手段的革新，信息在新媒体平台可以获得更快速的传播。这为企业带来了更多的便利。例如，企业在销售产品时可以通过直播的形式，实时向用户介绍产品，方便用户更快速、直观地了解产品，为产品带来更多的销量。

思考与练习

思考一下：传统媒体会随着新媒体的发展没落至彻底消失吗？为什么？

1.2 新媒体的发展历程

随着媒体的发展以及科技的不断进步，用户的需求也发生着巨大的转变，为了迎合用户的需求，很多不同类型的新媒体平台也因此诞生。在新媒体发展的不同阶段，有着不同的主流新媒体平台。

▶▶▶ 1.2.1 第一阶段 门户时代

新媒体发展的第一个阶段是门户时代，出现了以搜狐、新浪、网易、腾讯为代表的门户网站。在这一阶段，用户阅读的内容与传统媒体时代相比没有发生非常大的转变，变化的主要是信息的载体。用户从通过电视、报纸等传统媒体进行阅读，转变为在门户网站等新媒体平台进行阅读。

在门户时代，用户接触互联网的时间不长，还不具备很强的"主动性"，所以延续了传统媒体时代的阅读习惯，以"被动"地阅读门户网站上的内容为主。并且内容创作者也没有发生本质上的变化，多数是传统媒体时代的专业记者和编辑。

这一阶段的来临，主要是由科技的进步所推动的。门户网站让用户能够更方便、快速地接收到信息。

▶▶▶ 1.2.2　第二阶段　搜索时代

新媒体发展的第二个阶段是搜索时代，出现了以百度、谷歌等为主的搜索引擎。这是由于在经历了一段时间对互联网的深入使用及探索之后，用户的需求发生了转变，从被动接受信息到开始希望主动搜索想了解的信息。

搜索时代的到来让用户查找指定信息的速度变得更快，用户通过搜索引擎可以非常方便、迅捷地查找到想要了解的信息，这也让用户可获取的信息量增加了无数倍。

▶▶▶ 1.2.3　第三阶段　分享时代

新媒体发展的第三个阶段是分享时代，出现了以百家号、今日头条、大鱼号等为代表的自媒体平台，普通用户开始参与到内容的创作中。

分享时代带来了两个重大的变化：第一，部分用户通过创作优质的内容在新媒体平台获得了收益；第二，分享时代的到来也让新媒体平台的信息更加多元化，用户可以阅读到不同类型的内容，用户的阅读体验也得到了明显的提升。

▶▶▶ 1.2.4　第四阶段　社交时代

新媒体发展的第四个阶段是社交时代。用户通过新媒体平台不仅能够获取信息，还能进行社交。例如，所有用户在微博这一社交平台都可以注册自己的账号，并随时在上面发表自己的观点，相互之间通过评论、转发、私信等方式进行交流与互动。社交时代的到来让信息的传递更快捷，让信息的交互更频繁。

同时，社交也让用户间产生更多的信任，"社交电商"一词因社交时代的到来而产生。在小红书等"社交电商"平台上，用户更容易被普通用户发布的真实产品测评打动，从而产生购买行为。

思考与练习

体验一下，抖音、小红书、微博及知乎等新媒体平台中的社交功能。

1.3 不同类型的新媒体平台

新媒体平台的本质就是信息的载体，每个平台都汇聚了大量希望获取信息的用户，而新媒体运营就是企业通过新媒体平台向用户传递信息，对产品进行宣传及推广的运营手段。运营者需要掌握用户运营、内容运营、活动运营、产品运营、社群运营等运营技能，再结合每个新媒体平台不同的规则及特点实施不同的运营手段。

▶▶▶ 1.3.1 了解各大主流新媒体平台的类型及特点

我国有多达 10 亿的互联网用户，用户的需求也是多种多样的，因此诞生了多种不同类型的新媒体平台，以满足不同用户群体的不同需求。新媒体平台有很多种分类方式，如果按照用户的需求分类，其可以被粗略地分为内容类平台、社交类平台、工具类平台及电商类平台。随着用户需求的变化及新媒体行业的快速发展，每一类型中都会出现用户数量最多或增长最快的新媒体平台，它们也就成为领域内的主流新媒体平台。

主流新媒体平台由于用户数多、发展速度快，可以为运营者带来更多的发展机会。例如，很多在抖音平台发展初期就开始运营抖音账号的运营者，跟随着抖音的快速发展，获得了较好的发展机会。所以，运营者应该时刻关注主流新媒体平台的出现及发展，抓住跟随平台快速发展的机会。

运营者可以通过绘制平台画像的方式快速地了解一个新媒体平台的特点。

▶▶▶ 1.3.2 平台画像：全方位了解一个新媒体平台

通过为目标平台绘制平台画像，运营者可以全方位地了解一个新媒体平台，从而更好地开展新媒体运营工作。一份完整的新媒体平台画像，可以包含以下 4 项内容。

1. 平台用户情况

由于每个新媒体平台上用户类型及活跃用户数不尽相同，相同的内容发布在不同的平台上可能取得完全不同的效果。

运营者首先需要分析平台用户的特征，必要时可以为其绘制用户画像，了解平台用户是否与企业的目标用户相匹配。用户画像也可以为后期的用户运营工作提供依据。

另外，运营者也可以关注新媒体平台的注册用户数及活跃用户数。一般而言，在企业目标用户与平台用户相匹配的前提下，平台的活跃用户越多，企业在平台的营销推广工作越可能获得好的效果。

但在一些活跃用户多的平台可能也面临更加激烈的竞争，运营者可以分析同行在平台上的账号运营情况，综合自身的内容输出能力、运营能力及投入预算等因素，分析企业在该平台是否具备竞争力，最终选定想要进入的新媒体平台。

2. 平台定位及规则

每个新媒体平台都有各自的平台定位及规则，这两者决定了该平台会鼓励什么样的内容及行为，以及什么样的行为会受到平台的限制。

（1）平台定位。

运营者可以从平台的定位中判断出平台对内容类型及内容形式的偏好。例如，抖音是目前影响力较大的短视频平台之一，它有一句经典的口号：记录美好生活。通过这一信息，运营者可以初步推断出抖音可能比较鼓励普通用户创作和发表原创短视频内容，记录生活中的美好时刻。

通过关注平台的发展规划、管理政策、流量分发机制等信息，运营者就可以进一步推断出平台更详细的内容偏好。

（2）平台规则。

每个新媒体平台都对平台禁止的行为做了明确的说明，用户违反平台规则可能会受到平台的处罚，运营者需要详细了解平台规则，避免产生违规行为。一般可以在平台的社区公约中查看平台规则，如图 1-2 所示。

3．平台发展规划

新媒体平台可能会不定期对平台规则、平台政策及平台的发展方向做出调整，这可能会给部分账号带来影响。例如，微信在 7.0.20 版本的更新中推出了虚拟代币微信豆，用户可以在腾讯视频号观看直播时用微信豆打赏主播。

从微信这一次的更新中可以看出，微信有可能会将视频号直播作为平台的发展重点之一，运营者就可以提前进行布局，熟悉平台的规则并研究视频号直播的玩法，争取享受到平台的"流量红利"的机会。

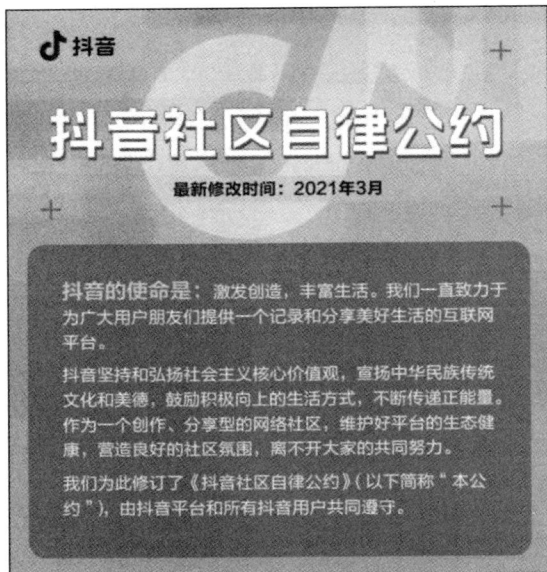

图 1-2　抖音平台规则

4．内容分发机制

内容分发机制是指在运营者发布内容后，企业根据哪些因素决定给内容多大的曝光机会。内容分发机制决定了具备哪些特点的内容更容易在新媒体平台获得流量。运营者只有了解了新媒体平台的内容分发机制，才能对应地进行内容的调整及优化。

思考与练习

尝试绘制抖音的平台画像。

1.4 企业和个人通过新媒体平台获取收益的方式

很多企业和个人在各大新媒体平台积极输出优质内容的重要目的之一，就是获取收益。所以，为了鼓励更多的优质内容产出，各大新媒体平台也在不断为平台上的内容创作者打造良好的变现环境，提供更多的变现通道。企业或个人都可以在新媒体平台找到合适的变现方式。

▶▶▶ 1.4.1 企业：品牌宣传及产品销售

企业可以通过新媒体平台进行品牌及产品的宣传，扩大知名度及影响力，带动产品在线下的销量，也可以直接在平台上销售产品。

例如，2017 年成立的美妆新品牌完美日记，通过在各大新媒体平台的精准营销，在年轻的女性用户群体中迅速扩大了知名度。之后，完美日记在淘宝等线上电商平台开设门店销售产品，同时布局线下，在全国多个城市开设了实体店铺。不到四年的时间，完美日记就成为我国具有影响力的美妆品牌之一。

完美日记可以获得如此快速的发展，主要得益于该企业有效的新媒体营销推广。企业在新媒体平台上进行营销推广，可以获得以下 3 个优势。

1. 更精准的用户群体

传统媒体是单向地向用户输出信息，较难获取用户的阅读情况及反馈意见，所以一般无法精准地细分用户，也很难做到有针对性地向某一类细分用户投放广告。

但在新媒体平台，企业可以通过很多种方式找到目标用户。例如，借助新媒体平台对用户行为的分析结果，企业可以在平台后台轻松筛选出目标用户群体；另外，企业也可以在各大新媒体平台上找到一些受目标用户关注和喜爱的新媒体账号，并通过付费、合作等方式在这些账号上发布企业品牌及产品的相关内容，推送给目标用户观看。

例如，在微博、抖音、小红书等新媒体平台搜索关键词"完美日记"，就可以看到很多美妆博主发布过的产品宣传的相关内容，如图 1-3 所示。

2. 多元化的内容

相较于生硬的广告，用户一般更愿意观看带有娱乐性质或科普性质的内容。企业可以在新媒体平台注册账号或者与相关领域的内容创作者合作，创作和发布一些软文广告植入内容，让用户更容易关注和接纳。

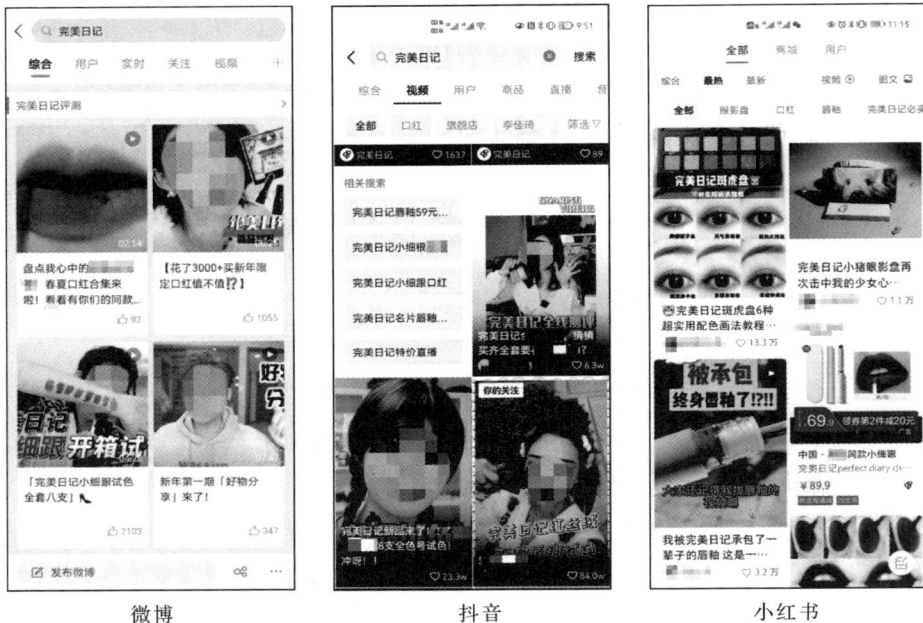

| 微博 | 抖音 | 小红书 |

图 1-3　很多美妆博主发布过的产品宣传的相关内容

完美日记在进行产品的宣传时，就尝试发布了很多美妆教程及产品测评等类型的软文广告，用户对这样的内容接受度更高，能带来更好的营销效果。例如，完美日记在其抖音的官方账号发布的一条唇釉测评的视频，就获得了很高的点赞量，如图 1-4 所示。

3. 多平台大量推广

作为一个 2017 年才出现的新品牌，完美日记快速获得了较高的知名度，这主要是因为相较于电视广告、报纸广告等传统媒体上的广告投放，企业在新媒体平台制作及发布广告宣传内容的成本更低，企业可以更高频地发布广告信息，在多个平台大量进行推广。

图 1-4 完美日记唇釉测评视频获得很高的点赞量

完美日记通过高频率、多元化的内容输出，让用户频繁看到其品牌及产品的相关信息，快速建立起对品牌的认知。

▶▶▶ 1.4.2 内容创作者：广告植入、电商"带货"

在新媒体平台，每个普通的用户都有发布及传播信息的机会，这吸引了众多的普通用户成为内容创作者。他们在新媒体平台输出优质的内容，获得其他用户的关注。在拥有了一定数量的粉丝后，内容创作者发布的信息就会被更多的用户看到，这就为内容创作者提供了获取收益的机会。

广告植入及电商"带货"是内容创作者在新媒体平台获取收益的重要途径。

1. 广告植入

广告植入是指内容创作者与有品牌或产品宣传需求的企业合作，在其发布的内容中植入广告信息并向企业收取一定的推广费用的推广方式。推广费用的高低一般与多个因素有关，如内容创作者的粉丝数量、粉丝的精准度、所处的行业及广告内容的制作难度等。

通过这样的合作方式，企业可以利用内容创作者的影响力让产品被更多的用户熟知及认可，这也为内容创作者提供了很好的变现机会。一些新媒体平台为了鼓励内容创作者生产出更多优质的内容，也会为促成企业和内容创作者之间的合作提供便利。

例如，巨量星图是抖音为优质内容创作者及有广告投放需求的企业创建的一站式服务平台。内容创作者可以入驻巨量星图平台并发布合作报价，企业也可以在巨量星图挑选合适的内容创作者进行广告投放，如图1-5所示。

智能便捷的达人匹配
发挥数据优势，基于达人内容特征和粉丝画像，捕高达人匹配效率

丰富立体的数据能力
立足内容营销行业深度洞察，提供从投前到投后的全链路智能化数据支持

安全即时的线上交易
线上IM及时沟通，交付验收后付款

图1-5　巨量星图平台页面

2. 电商"带货"

内容创作者也可以通过电商"带货"的方式获取收益。例如，锤子手机的创始人罗永浩在入驻了抖音平台后，就在抖音通过直播"带货"。其在2020年4月1日的第一场直播中，就取得了4892万人累计观看，1.214亿元营收的辉煌"战绩"。

目前，有部分的新媒体平台支持内容创作者在平台内进行电商"带货"。例如，知乎在平台内推出了好物推荐功能，知乎平台的内容创作者在达到一定的条件后就可以开通该项功能，之后就能够在回答、文章、视频、直播、橱窗中，通过插入商品卡片，向知乎平台的其他用户分享购物经验，推荐商品赚取佣金，如图1-6所示。

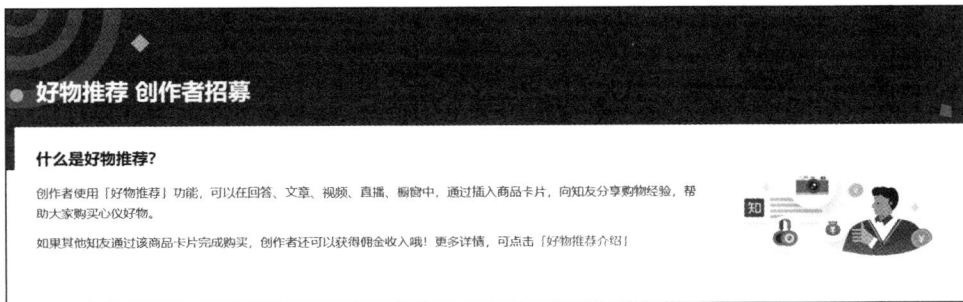

图1-6　知乎好物推荐功能介绍页面

▶▶▶ 1.4.3　MCN：实现商业的稳定变现

MCN的英文全称是Multi-Channel Network，可以直译为多频道网络。它是一种多频道网络的产品形态和新的"网红经济"运作模式。MCN机构会签约一些有潜力的内容创作者，并对其进行包装及培养，为内容创作者提供内容制作、运营、推广等一系列的服务，并最终实现商业变现。

MCN机构的出现主要是由于新媒体的快速发展让优质的内容不断涌现，用户对内容的要求也不断提升，没有团队的内容创作者凭借个人力量较难产出稳定、高质量的内容。并且，想在新媒体平台具有竞争力，吸引到大量用户关注，内容创作者除了需要具备内容创作能力，还需要具备平台运营能力、项目管理能力等多项综合能力。MCN机构具备专业的运营团队，能承担更为专业的运营工作。

例如，洋葱视频是一家成立于2016年的MCN机构，在抖音平台孵化出了多个百万甚至千万粉丝级别的账号，如图1-7所示。这些账号发布的视频制作都很精良，并且更新频率都比较稳定，所以和多数由个人运营的同类账号相比更具优势。在账号有了粉丝以后，后续需要进行商业变现时，

MCN机构在供应链选品、合作商洽谈等环节也更专业，更容易实现稳定的商业变现。

图 1-7　同一 MCN 机构孵化出的多个抖音账号

>>> 1.4.4　其他变现方式

除上述三种重要的变现方式外，企业及个人也可以在不同的新媒体平台找到一些其他的变现途径。

1. 内容付费

内容付费是指内容创作者或新媒体平台向用户提供文字、音频、视频等内容产品，用户需要支付一定的费用后才可以观看相应的内容。随着互联网用户版权意识的逐渐加深，有越来越多的用户愿意为优质的内容付费。

用户对需要付费才能观看的内容会有更高的质量要求，所以早期用户主要是为影视剧、图书、音乐作品等通过了相关机构审核，已在市面上发行的优质内容付费。之后，随着新媒体的发展，一些在不同领域有一定影响力的关键意见领袖（Key Opinion Leader，KOL）开始在各大新媒体平台发布需要付费观看的内容，用户基于对 KOL 的信任，也开始愿意为这些内容支付费用。

例如，经济学者薛兆丰在知识付费型 App 得到上发布了音频类内容《薛兆丰的经济学课》，用户需要支付 249 元才可以收听全部音频，截至 2021 年 3 月底，已经有 53 万多名用户在付费学习这门课程，如图 1-8 所示。

现在，一些新媒体平台甚至向普通的用户提供通过内容付费获取收益的机会。例如，微信公众号会为某些符合要求的运营者开通内容付费阅读功能，运营者可以将文章设置为付费后才可阅读全文，如图 1-9 所示。

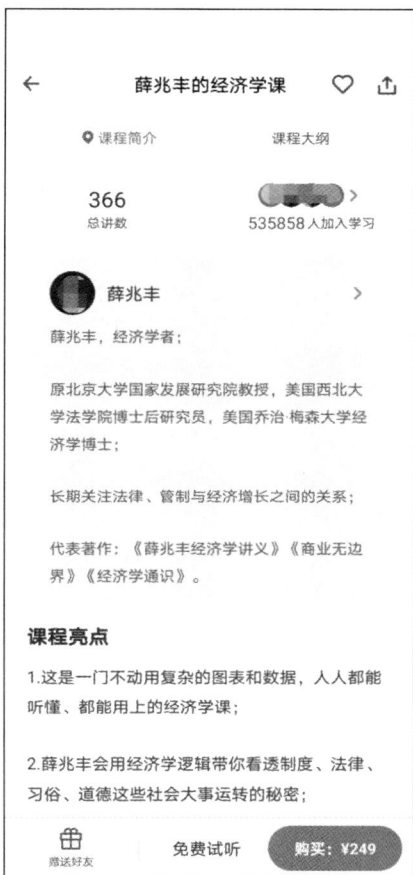

图 1-8　众多用户付费收听课程

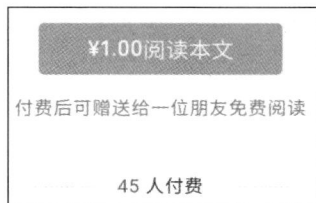

图 1-9　用户付费后才可阅读文章

2．平台奖励

　　新媒体平台作为信息的载体，需要通过优质的内容为使用平台的用户提供价值。因此，很多新媒体平台，特别是内容型的新媒体平台都希望内容创作者多在平台上发布优质的内容，有的平台会推出一些奖励政策，对在平台发布优质内容的创作者给予一定的现金奖励。

　　例如，个人图书馆是一个知识管理与分享的内容型新媒体平台，用户可以把在微信等其他新媒体平台看到的文章分类存放在这里，也可以在平台内发布原创内容。个人图书馆针对平台上的优质原创内容推出了多重现金奖励政策，内容创作者通过在平台发布内容，就有机会获得平台的奖励，如图 1-10 所示。

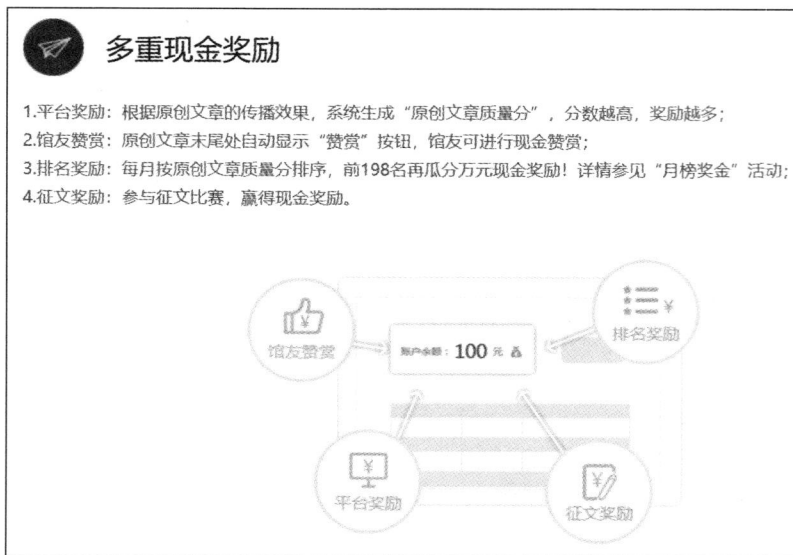

图 1-10　个人图书馆的现金奖励政策

　　内容创作者通过平台奖励获取收益的门槛并不高，不需要在平台上有很多的粉丝，只要能坚持稳定地输出优质的内容，就有机会获得平台奖励。

　　此外，为了增强内容的可看性及提升平台用户的活跃度，一些新媒体平台会根据自身的定位及当下的热点对平台上的内容进行布局，调整不同类型内容在平台上的比例。因此，有的平台会推出一些主题创作活动，内容创作者按照活动要求发布内容后，除了获得现金奖励外还有机会在平台获得流量奖励，可能会对账号"涨粉"产生帮助。

3. 私域流量变现

　　私域流量是一个相对于公域流量而存在的概念。虽然抖音、小红书、微博等新媒体平台上的用户量很庞大，但通常情况下运营者无法在任意时间内，任意频次地触达平台上的用户。例如，在小红书平台，运营者给自己的粉丝大批量发送私信时就会受到平台的管制，平台对运营者发送私信的频次、发送的人数及私信的内容都有限制。

　　这些平台上的用户就是公域流量。与之相反的，运营者可以在任意时间内，任意频次地触达的用户，就是私域流量。例如，被添加到个人微信号、企业微信号上的用户就是运营者的私域流量，运营者可以更少受限制地触达他们。一些运营者会把公域流量池中的用户"引流"到自己的私域流量池中，再在私域流量池中完成变现。

思考与练习

思考一下：内容创作者在小红书平台可以通过哪些方式变现？

课后习题

1. 新媒体与传统媒体有哪几项区别？
2. 新媒体发展进入分享时代后带来了哪些改变？
3. 平台画像中应该包含哪些内容？
4. 内容创作者在新媒体平台可以通过哪些途径获得收益？
5. 请简述 MCN 机构在实现商业变现中所具备的优势。

第2章
运营人才的成长之路

【学习目标】
➤ 了解新媒体运营所需能力。
➤ 了解新媒体运营的职业发展路径。
➤ 了解新媒体运营团队架构。
➤ 了解新媒体运营常用工具。

随着新媒体行业的蓬勃发展，越来越多的企业开始设立新媒体运营相关岗位，新媒体运营从业人员规模也随之快速扩大，整个行业发展态势良好。运营者应尽早制定自己在新媒体行业的职业发展规划，并对应企业对新媒体运营人才的能力要求，不断提升自己。

2.1 新媒体运营能力清单

目前，越来越多的企业通过新媒体运营实现品牌口碑传播、业绩增长等运营目标，所以企业对新媒体运营人才的需求也在日益增长。并且，新媒体运营工作对运营者包括文字表达能力、热点跟进能力等在内的多项能力都有着较高的要求，所以运营者应该与时俱进地洞察企业对运营人才的能力要求，从而有针对性地进行学习和能力提升。

运营者想了解企业对新媒体运营人才有哪些能力要求，可以在招聘网站上搜索关键词"新媒体运营"，查看各企业在招聘新媒体运营相关人才时所发布的职位信息。虽然每个企业发布的职位信息中对新媒体运营岗位的岗位职责及任职要求的描述有所不同，但对其中的具体内容进行拆解及提炼后，即可得到能力需求关键词，如表 2-1 所示。

表 2-1　企业招聘信息中的能力需求关键词

序号	某企业招聘信息	能力需求关键词
1	运营公司平台：在官网、微信公众号、今日头条、抖音、小红书、大众点评等平台撰写、更新、编辑和推送文章；发布及更新平台信息，提高平台曝光率	内容创作能力
2	负责与用户沟通，如回复用户咨询的问题，将有意向的用户资料转交给设计部的同事跟进	用户洞察能力 人际沟通能力
3	熟悉抖音、今日头条、微信等各种短视频平台运营和推广方法	平台运营能力
4	研究新媒体发展、应用趋势，定期出新媒体报告与行业分析报告，为确定推广方向提供支持	数据分析能力
5	根据项目需求，制定阶段性新媒体推广策略与计划，负责执行落地并追踪推广效果	项目管理能力
6	研究并关注项目竞争对手的新媒体推广动态，根据变化情况及时制定可行的调整策略与方案	热点跟进能力

我们于 2021 年运用以上方法，对超过 100 家企业的招聘信息进行了拆解及提炼，按照企业对运营者各项能力要求出现的频率进行排序，筛选出出现频率较高的 7 项能力，得到新媒体运营岗位的能力清单，如图 2-1 所示。

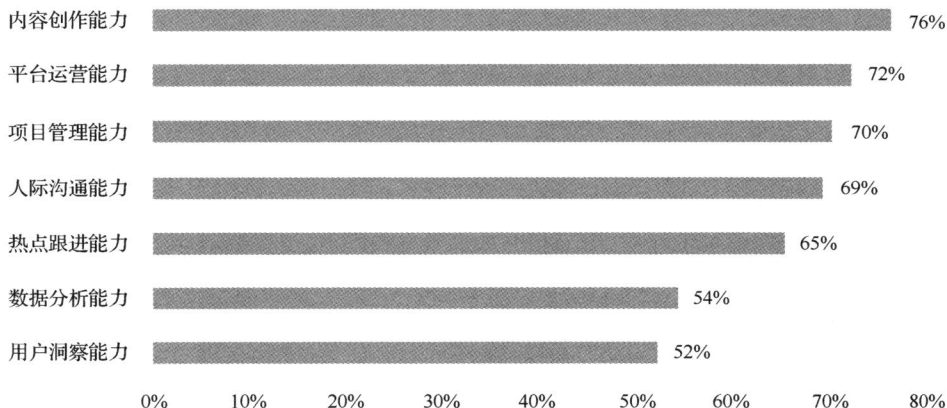

图 2-1　新媒体运营岗位的能力清单

1．内容创作能力

内容是企业向用户传递信息的媒介，企业想在新媒体平台实现获取更多的流量、更高的产品销售转化率等运营目标，必须有优质的内容作为基础，所以内容创作能力是运营者必须具备的能力之一。

由于各企业所处的发展阶段不同，以及不同企业的新媒体运营整体规划存在差异，各企业对运营者的内容创作能力要求可能会有所区别。例如，一些企业可能要求运营者能够编辑及发布图文、视频等形式的原创内容；而一些企业可能已经有文案编辑等专门从事内容创作的岗位人员，对新媒体运营岗位人员的内容创作能力要求就会适当降低。

即使企业配备专业的内容创作岗位人员，运营者在新媒体运营工作中还是会不可避免地遇到一些与内容创作相关的工作，如撰写活动规则、制作简单的活动海报、撰写课程大纲等。所以运营者必须着重提升自己内容创作能力，至少应该具备较强的文字表达能力，可以撰写简单的文案内容，并且能够进行简单的图片设计及视频剪辑，再在此基础上根据企业的要求不断进行内容创作能力的自我提升。

2．平台运营能力

新媒体运营工作是围绕新媒体平台开展的，运营者需要熟悉企业目标平台的规则及特点，有针对性地进行内容的创作、发布及推广。不同企业可能运营着不同的新媒体平台，运营者可以重点掌握部分平台的运营方法并积累实战经验，同时对热门的新媒体平台都有所了解，并掌握绘制平台画像的方法。

3．项目管理能力

项目是指运营者为了实现运营目标，通过各种运营手段进行一项短期或长期的工作任务，如策划一场活动、发布一篇推广文章、运营一个社群，这都需要运营者进行项目管理。

项目的推进通常需要经过计划、沟通、协作、执行、反馈等步骤，运营者需要根据运营目标进行统筹和规划，保证项目的正常推进，并完成既定的项目目标。

4．人际沟通能力

沟通在新媒体运营工作中非常重要。对内，运营团队一般由多个成员组成，运营者需要与多人共同协作完成运营工作，有效的沟通才能保障团队工作的效率；对外，运营者可能需要与用户进行沟通，包括了解用户需求、收集用户反馈，以及回复用户的咨询、安抚用户的情绪等。

5. 热点跟进能力

热点是指比较受广大用户关注或欢迎的新闻及信息。热点事件发生时，能吸引大量的用户关注，企业在新媒体平台发布热点相关内容就有机会获取更多曝光。

所以，运营者必须对热点有敏锐的洞察能力，并且能在众多的热点信息中筛选出可以和品牌及产品建立联系的热点并进行跟进。

6. 数据分析能力

新媒体运营的实际工作中也包含数据分析的内容。运营者除了需要对活动数据、内容数据、用户数据等内容进行分析外，可能还需要对竞争对手数据、目标用户行为数据等进行分析。运营者需要具备一定的数据分析能力，能够完成数据的记录、查找及分析工作。

7. 用户洞察能力

运营者需要洞察用户的需求，绘制出精准的用户画像，才能围绕用户的需求和痛点开展新媒体运营工作。新媒体运营工作中的活动策划、内容策划和产品策划都是以洞察用户需求为开端的，运营者只有充分了解用户的需求，才能让设计出的活动、内容及产品具备吸引力，所以运营者必须具备用户洞察能力。

思考与练习

思考一下：运营者可以通过哪些方法提升自己的新媒体运营能力？

2.2 新媒体运营的职业发展路径

随着运营能力的提升，运营者将有机会在企业的新媒体运营部门获得晋升，企业一般会设立新媒体运营专员、新媒体运营主管及新媒体运营总监 3个新媒体运营的相关岗位。每个岗位对运营者的运营能力都会有不同的要求，运营者可以以新媒体运营专员为开端从事新媒体运营工作，在能力获得提升后逐步晋升为新媒体运营主管和新媒体运营总监。

▶▶▶ 2.2.1　新媒体运营专员

新媒体运营专员是运营者从事新媒体运营工作的开端，不同的企业可能对新媒体运营专员有着不同的岗位命名，如新媒体运营专员、运营专员、运营助理等。一些大型企业会将运营专员的岗位进行细分，如按职能划分为用户运营专员、内容运营专员、活动运营专员及产品运营专员等，或是按照运营的平台划分为微博运营专员、抖音运营专员、小红书运营专员等。

新媒体运营专员需要完成的工作内容及承担的职责如下。

1．用户运营

运营专员需要通过问卷调查等方式收集和洞察用户的需求，绘制用户画像，协助运营主管及运营总监制定出用户运营目标及用户运营方案，并根据方案完成用户运营的执行工作，如对用户进行贴标签和分级，执行用户拉新、促活、留存及转化方案，收集并分析用户运营工作中的重要数据等。

2．内容运营

运营专员需要根据内容运营的长期目标，制定出以月或周为单位的内容运营短期目标，并根据目标规划所运营的内容的主题、形式及发布频率等，最终完成内容的编辑、发布，以及内容发布后的数据分析工作。

3．活动运营

运营专员可以独立完成小型活动的策划与执行，以及大型活动的执行工作。在企业举办大型活动时，运营专员可以根据运营主管制定好的活动策划方案，按照既定的活动流程完成活动准备、活动预热、活动落地及活动复盘等环节中的各项执行工作，实现活动运营目标。

4．产品运营

产品运营工作涉及的范围较广，在产品运营的过程中可能需要完成部分用户运营、内容运营及活动运营这三个运营板块的相关工作。所以，运营专员一方面需要协助运营主管完成用户调研、竞品分析、产品测试及产品优化等工作；另一方面也要对其他板块的运营工作有所了解。

▶▶▶ 2.2.2　新媒体运营主管

新媒体运营主管除了需要完成比运营专员更为复杂的运营工作外，还需要担负起团队管理的职责，对团队的整体目标负责。新媒体运营主管的常见工作职责有以下 4 项。

1.　制定新媒体运营目标

运营主管需要根据企业的战略发展规划制定新媒体运营团队在年度、季度、月度等不同时间段的可量化目标，并根据团队目标为团队成员制定个人目标，为团队成员的工作提供方向。

2.　搭建新媒体平台矩阵

运营主管需要根据企业现状及新媒体运营目标选择合适的新媒体平台，规划好需要在哪些新媒体平台分别运营哪些账号，并确定每个账号的定位、运营目标及运营思路等。

3.　策划新媒体运营工作的具体内容

运营主管需要为团队成员提供相对明确的工作指示，也就是策划新媒体运营工作的内容方向，并安排团队成员负责执行。例如，某企业的运营主管根据既定的新媒体运营目标，计划在月内策划一场为企业微信公众号"涨粉"5000 个新用户的"拉新"活动。经评估后，运营主管决定在月底举办一场大型裂变活动，于是策划了活动的基本方案，包括活动主题、目标用户、大致的活动流程等内容，并安排运营专员在既定的时间内完成活动方案的细化，并在运营主管对细化的方案审核定稿后，再由运营专员按照方案中所规定的时间及事项执行活动的落地工作。

4.　团队成员工作的优化及评定

团队成员在执行新媒体运营工作时，可能会由于经验不足出现差错。运营主管需要时刻关注团队成员的工作情况，在必要时进行优化，避免团队成员出现工作失误导致企业利益受损。并且，运营主管应该周期性地对团队成员的工作进行评定，帮助团队成员不断进步。

▶▶▶ 2.2.3　新媒体运营总监

有的企业会设立多个新媒体运营部门，由于需要对各部门的运营工作进行协调，就会设立新媒体运营总监的岗位。例如，某企业按照平台将新媒体运营团队划分为微博运营部、抖音运营部、小红书运营部共 3 个部门，每个部门成员都在 30 人以上，共同帮助企业实现通过新媒体运营实现业绩增长的运营目标。

这时，为了安排和协调好 3 个部门的工作，企业就需要设立一名新媒体运营总监，直接对 3 个部门的新媒体运营主管进行管理。

运营总监的决策可能会给整个运营团队乃至企业带来极大的影响，所以企业对运营总监的新媒体运营专业能力及管理能力都有很高的要求。运营总监应该要有长远的战略眼光，能对企业在新媒体运营领域的发展进行合理的规划，并且要有丰富的新媒体行业经验，能带领整个团队以正确的方式开展新媒体运营工作，帮助企业尽快实现新媒体运营目标。

思考与练习

思考一下：从新媒体运营专员到新媒体运营主管，再到新媒体运营总监，需要提升哪些能力，应该如何在工作中锻炼自己？

2.3 新媒体运营团队架构

企业通常会在新媒体运营团队中配备多个岗位的人员，在企业发展的不同阶段，运营团队架构可能也会有所区别。运营者从事新媒体运营工作，也需要了解团队其他成员的工作内容及职责范围，才能在运营工作中形成良好的配合。

▶▶▶ 2.3.1 新媒体运营相关岗位

企业在设计团队架构时，不一定会将所有从事新媒体运营相关工作的岗位都命名为"新媒体运营"，企业根据自身的实际需求及情况，可能会设置文案编辑、产品经理、社群运营等不同的岗位，这些岗位人员的实际工作可能也会涉及部分新媒体运营相关的工作，但在工作重心上可能会有其他偏重。

1. 文案编辑

部分侧重内容营销的企业可能会将新媒体平台内容的编辑与发布分开，交由不同的人员完成。文案编辑主要负责内容的产出，需要根据用户的需求及运营目标创作内容，再交由新媒体运营人员到各大新媒体平台发布内容。

在与文案编辑配合的过程中，运营者需要把控内容创作的整体方向，确定内容创作的主题范围、形式、频率等，文案编辑需要在对平台规则、平台内容偏好及用户阅读偏好都有一定把握的情况下进行专业的内容创作，最后再交由运营者完成内容发布及之后的数据分析工作。

2. 产品经理

部分需要开发互联网产品的企业可能会设置产品经理的岗位，产品经理主要负责互联网产品的研发、制造、营销等工作。

新媒体运营者也需要具备产品运营技能，而产品经理通常需要完成专业度更高的产品运营工作。当企业同时设置新媒体运营与产品经理岗位时，通常由产品经理主要负责产品运营的相关工作，新媒体运营者则需要在了解产品的特点及优势的前提下，围绕产品开展用户运营、内容运营及活动运营等新媒体运营工作。

3. 社群运营

严格来说，社群运营也属于新媒体运营的范畴，但部分企业可能会同时设置新媒体运营与社群运营的岗位。新媒体运营者主要负责各新媒体平台账号的运营工作，实现企业在新媒体平台的"涨粉"、品牌宣传及产品销售等目标，在新媒体运营者筛选出精准的目标用户并将用户"引流"至微信等平台后，再由社群运营人员通过社群继续进行用户的维护与转化。

▶▶▶ 2.3.2　企业在不同发展阶段的运营团队架构

互联网企业处在不同发展阶段时，运营团队的结构可能会有差异，新媒体运营者的具体工作内容也会因此存在差异。

1. 初期

在互联网企业发展的初期，企业新媒体运营团队的规模一般较小，此阶段运营者可能需要同时运营多个平台并同时具备多种运营能力。

运营者首先需要对多个新媒体平台都有所了解，才能针对不同平台的不同特点制定相应的运营方案，并且应该能够同时独立完成用户运营、内容运营、活动运营及产品运营中的几项或全部工作。

此阶段，企业一般对运营者运营能力的全面性会有较高的要求，但由于团队架构简单，团队内部的沟通成本较低，运营团队的整体工作效率会比较高，运营团队应该在此阶段尽快使企业的新媒体运营工作取得初步的成效，帮助企业实现盈利，以尽快进入企业发展的中期，扩大团队规模。

2．中期

在互联网企业发展的中期，企业新媒体团队的规模开始扩大，团队中可能会增加不同的岗位。多数处于这一阶段的企业首先会根据企业现阶段的需求增加不同职能的岗位人员，如文案编辑、美工设计等。

此阶段，企业新媒体平台的粉丝数量增多、企业业绩目标增长，运营者虽然需要承担的职责有所减少，但同时也需要完成更为深入和专业的新媒体运营工作。

3．成熟期

在互联网企业发展进入成熟期后，企业新媒体团队已达到较大规模，可能会按照平台或新媒体运营职能将新媒体运营团队划分为多个不同的部门。例如，有的大型互联网企业会根据企业所运营的平台设置抖音运营部、小红书运营部等不同的平台运营部门，或是单独设置活动运营部、内容编辑部等多个职能部门。

此阶段，运营者的工作范围变窄，但对运营者的专业度要求较高。例如，就活动运营的工作内容而言，在企业发展的前两个阶段，运营者可能只需要策划一些中小型的活动，活动的方案策划及落地执行都相对简单。但当企业发展到成熟期以后，可能经常需要举办大型活动，活动的参与人数、成本投入、未知风险等都会有所增加，此阶段就需要多个运营人员共同完成专业度较高的活动运营工作。

思考与练习

思考一下：假如你刚毕业，即将进入新媒体行业，选择三个不同发展阶段的企业会各有哪些利弊？

2.4 新媒体运营常用工具

为了更好地完成新媒体运营工作，运营者经常需要借助一些运营工具提升运营工作的效率，能够熟练使用各类运营工具也是运营者的必备技能之一。

▶▶▶ 2.4.1 内容资讯平台

运营者需要随时跟进热点事件，可以关注一些内容资讯平台，通过内容资讯平台了解最新的行业资讯。

1. 微博热搜榜

微博是一个基于用户关系的社交类新媒体平台，所有的微博用户都可以在微博平台以文字、图片、视频等多种形式进行信息的及时分享和传播。由于微博具有用户可即时分享信息的特性，所以热点事件往往能在微博平台实现快速传播。

微博热搜榜会展示用户搜索的热门关键词，根据用户短时间内对关键词的搜索量进行排序，每分钟进行一次更新。运营者可以通过微博热搜榜以较快的速度获取最新的资讯。

2. 今日头条

今日头条基于个性化推荐引擎技术，可以根据每个用户的兴趣、位置等多个维度对用户进行个性化的内容推荐，推荐内容包括狭义上的新闻，还包括音乐、电影、游戏、购物等资讯。运营者可以通过今日头条获取新闻资讯及行业相关的信息。

3. 今日热榜

今日热榜向用户提供包括微博、知乎、微信公众号、豆瓣等多个平台热榜的聚合，可以帮助运营者更高效地追踪"全网"热点，提升接收热点信息的效率，如图 2-2 所示。

4. 其他行业资讯平台

除以上平台外，也有一些专门针对某一领域或某一行业信息的资讯平台。

例如，果壳网主要发布一些泛科技领域的内容，妈妈网主要发布一些母婴领域的内容。运营者可以根据自己所处的行业情况选择不同的资讯平台进行关注。

图 2-2　今日热榜页面

▶▶▶ 2.4.2　数据分析工具

运营者在制定新媒体运营目标及新媒体运营方案时，经常需要进行竞争对手分析、用户画像绘制等重要工作，而完成这些工作时必须要进行数据分析，以保证运营工作的准确性。所以，在新媒体运营工作中经常会用到数据分析工具，运营者需要通过数据分析工具获取所需的数据完成数据分析。一些数据分析工具可以提供新媒体平台内非常详细的数据内容，如平台内的热门直播间、热门"达人"等，运营者还可以通过数据分析工具查看指定账号的详细数据，如图 2-3 所示。

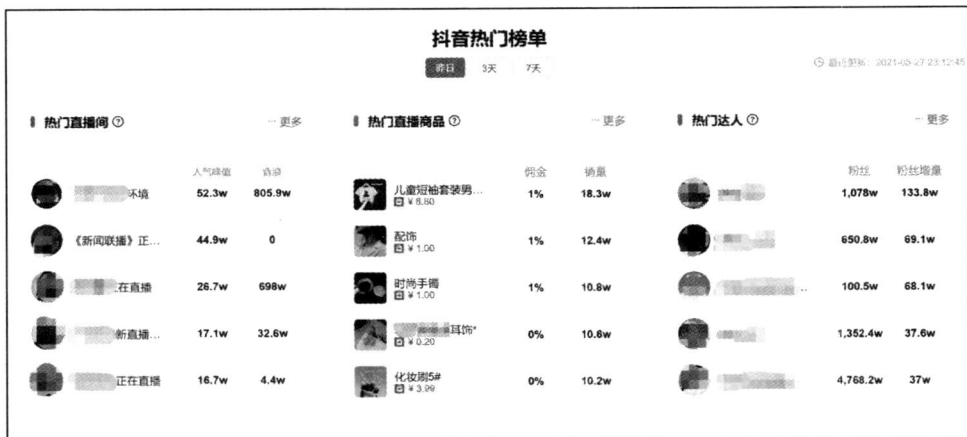

图 2-3（a）　通过数据分析工具查看抖音热门榜单

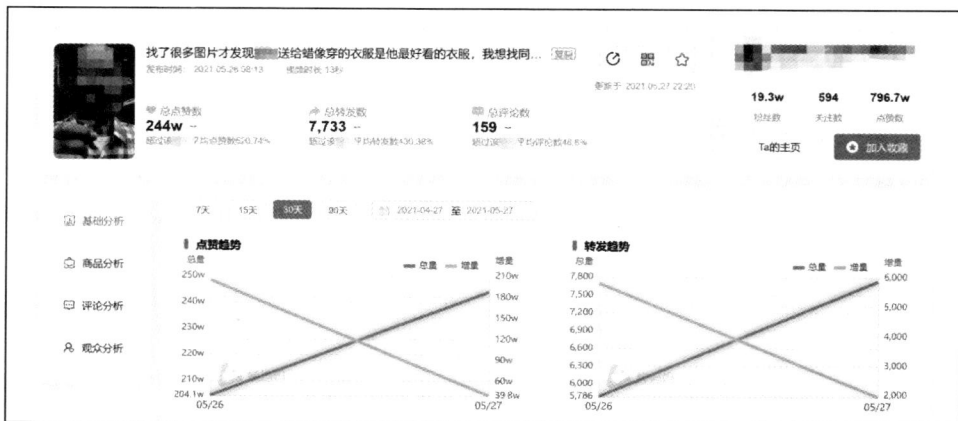

图 2-3（b）　通过数据分析工具查看指定账号的详细数据

1．百度指数

百度指数是以百度海量用户行为数据为基础的数据分析平台，是当前互联网乃至整个数据时代重要的统计分析平台之一。运营者可以通过百度指数了解到某个关键词在百度平台的动态搜索规模，可以看到指定关键词在一段时间内的热度涨跌态势及相关的新闻舆论的变化情况。

2．蝉妈妈

蝉妈妈是专业的抖音和小红书一站式数据分析服务平台，主要向用户提供抖音和小红书平台内"达人"、商品、直播、短视频、小店等多维度数据分析服务。

3．新榜

新榜是一个内容产业服务平台，主要向用户提供微信、视频号、微博、抖音等多个平台的榜单信息，同时可以向用户提供深度定制的数据服务，满足运营者更多的数据服务需求。

4．其他数据分析工具

运营者可以根据所运营的新媒体平台及具体的数据服务需求选择其他的数据服务平台，如清博指数、千瓜数据、5118 营销大数据等。运营者可以通过搜索"新媒体平台名称+数据分析"的关键词组合查找及筛选可以使用的分析工具。

▶▶▶ 2.4.3　图片处理工具

　　新媒体运营团队一般会配备专业的设计人员，但在实际的运营工作中，可能经常会有大量的图片处理工作需要完成，如果将所有的图片处理工作都交由设计人员完成，势必会影响运营工作的效率。所以，运营者应该具备基本的图片处理技能，学习使用图片处理工具完成一些简单的图片处理、设计工作。

1. 美图秀秀

　　美图秀秀为运营者提供了美化图片、人像美容、添加文字、抠图、拼图、添加贴纸、添加边框等多种图片处理功能。运营者可以利用美图秀秀完成简单的图片处理工作。

2. 在线图片设计工具

　　运营者经常需要发布活动海报、课程表、朋友圈配图等图片内容，可以通过在线图片设计工具来完成一些简单的图片设计工作。常见的在线图片设计工具有创客贴、图怪兽等，它们可以为用户提供免费及付费的设计模板，运营者即使不具备图片设计能力，也可以通过简单的操作设计出美观的图片，如图 2-4 所示。

图 2-4　在线图片设计工具

▶▶▶ 2.4.4　排版工具

　　排版是指对图文内容的格式及排列进行优化，使内容的展示更加美观。好的排版可以降低用户的阅读成本，使内容更有吸引力。运营者可以通过排版工具实现更高效、更优质的内容排版，如图 2-5 所示。

图 2-5　排版工具使用界面

常见的排版工具有壹伴、秀米、i 排版、135 编辑器等，运营者可以根据实际需求选用。

▶▶▶ 2.4.5　视频编辑工具

随着视频类新媒体平台的快速发展，用户对视频内容的需求也在快速增长，运营者需要学会使用视频编辑工具，完成视频编辑工作。

运营者可以根据实际需求选择不同功能及不同操作难度的视频编辑工具。例如，剪映、小影、猫饼等视频编辑工具支持用户通过手机进行操作，通过此类视频编辑工具，运营者能够完成视频剪辑，为视频添加音频、文字、贴纸及特效等相对基础的视频编辑工作，如图 2-6 所示。如果运营者需要完成更为复杂的视频编辑工作，也可以选择 iMovie、Adobe Premiere Pro 等更为专业的视频编辑工具。

思考与练习

简单体验本节所介绍的运营工具，并聊聊你的使用感受。

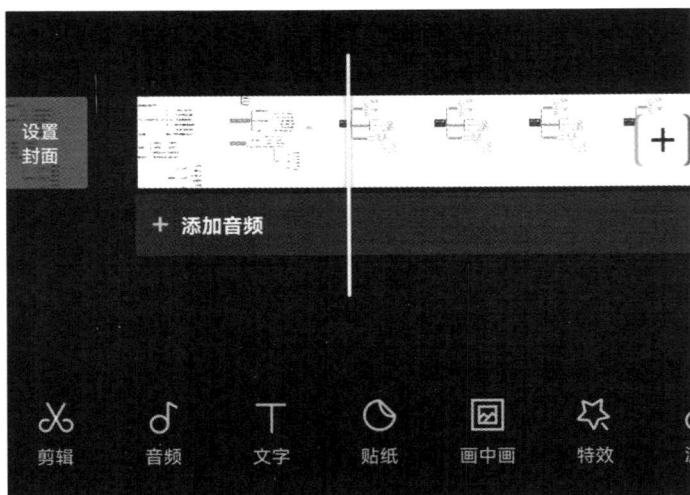

图 2-6　剪映使用界面

课后习题

1．新媒体运营能力清单中要求运营者具备哪些能力？

2．请简述新媒体运营专员的主要工作内容。

3．请简述新媒体运营主管的主要工作内容。

4．请简述新媒体运营与文案编辑需要如何配合完成工作。

第 3 章
用户运营

在新媒体运营中，很多工作是围绕用户展开的，如产品开发、内容生产、活动设计、社群运营等。甚至很多运营工作的最终成效，就是以用户数量的增长、用户的转化等与用户相关的指标来衡量的。

本章将重点介绍用户运营的基本概念，帮助读者学习如何完成用户拉新、促活、留存、转化，以及如何通过绘制用户画像、构建用户体系等方式更好地完成用户运营工作。

3.1 用户运营的概念与具体工作

用户运营是一个比较宽泛的概念，广泛而言，一切以用户为中心开展的工作都属于用户运营的范畴。

在互联网企业中可能会存在一些岗位，从名称上看似乎与用户运营没有直接的关联，如社群运营、活动运营甚至网店客服等，但如果在招聘网站搜索上述岗位，可以在这些岗位的岗位描述中看到，岗位职责中有很多事项都与用户运营相关，如图 3-1 所示。

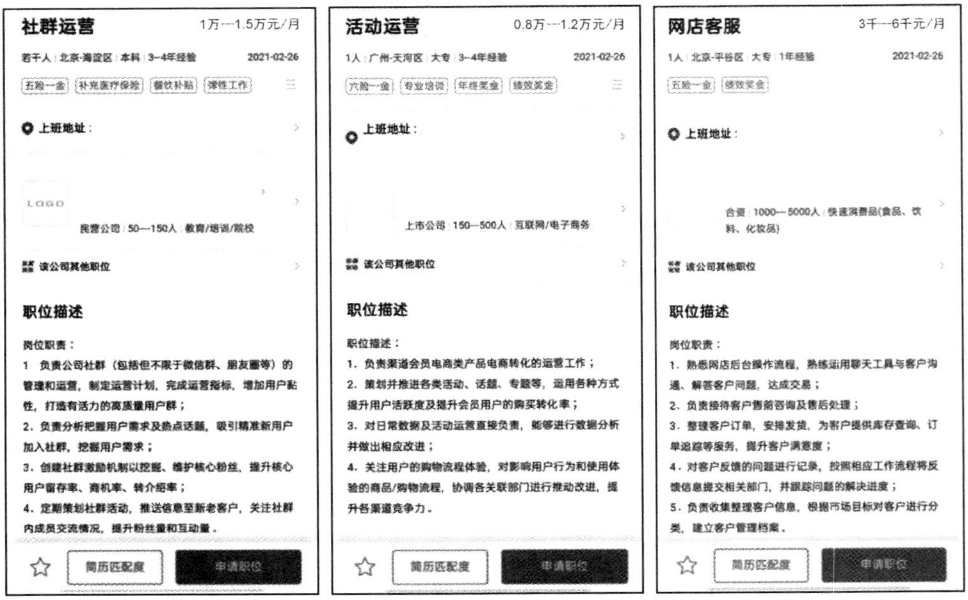

| 社群运营 | 1万—1.5万元/月 | 活动运营 | 0.8万—1.2万元/月 | 网店客服 | 3千—6千元/月 |

图 3-1　社群运营、活动运营及网店客服的岗位职责

▶▶▶ 3.1.1　用户运营的基本概念

用户运营，是指以用户为中心，通过搭建用户体系、针对目标用户开发需求产品、策划内容与活动，同时严格控制实施过程与结果，最终达到甚至超出用户预期，进而帮助企业实现新媒体运营目标。

在具体的用户运营工作中，运营者需要明确用户运营的对象、目标及手段。

1. 用户运营的对象

精细化的用户运营，需要根据不同用户的特点及需求制定有针对性的运营方案，从而实现最佳的运营效果。在用户运营工作中，运营者在任何时候都必须清晰地知道目标用户是谁。

2. 用户运营的目标

制定运营目标,可以帮助运营者更清楚地判断接下来要进行的具体工作。运营者需要结合企业现状，制定合理的、可实现的运营目标，并且运营目标必须是可量化的。例如，在制定用户增长目标时，应该具体到增长的数字，而不能以"较多""很多"这类模糊的词汇作为衡量标准。

3. 用户运营的手段

在制定了用户运营的目标以后,就需要通过相应的运营手段去达成目标。运营者应该明确，每一个运营动作可能会带来的结果。运营者往往需要有规划、有节奏地实施多个运营手段，来达成一个运营目标。

▶▶▶ 3.1.2 用户运营的四项主要工作

用户运营的工作主要围绕四个方面展开：拉新、促活、留存和转化，如表 3-1 所示。

表 3-1 用户运营的四项主要工作

用户运营	目的	对象
拉新	实现企业用户/粉丝规模的扩大	所有符合企业目标用户特征，但暂时还未成为企业用户的群体
促活	增加用户打开频率和在线时长	企业现存的所有用户
留存	减少流失用户，对已流失用户进行召回	企业正在流失及已经流失的用户
转化	将潜在用户转化为付费用户，获取收益	企业现存的所有用户，尤其是活跃用户

围绕拉新、促活、留存和转化，运营者可以开展大量的细节工作。

例如，盒马 App 是阿里巴巴旗下的一个社区新零售平台，主要为用户提供果蔬、海鲜等生鲜食品的销售及配送服务。这款 App 的运营者，同样是围绕拉新、促活、留存和转化在开展用户运营工作。

1. 拉新

盒马在微信公众号、微博等新媒体平台都开设了官方账号，发布一些广告和福利活动信息，对产品进行宣传及推广，如图 3-2 所示。另外，盒马 App 还推出了"邀请有礼"活动，用户邀请好友注册及使用盒马 App，就可以获得奖励金，如图 3-3 所示。

图 3-2　盒马的官方账号

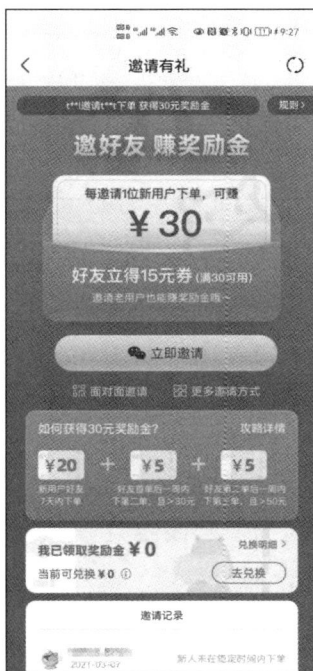

图 3-3　邀好友，赚奖励金

2. 促活

用户在盒马 App 注册账号后，可以每天在"盒马小镇"签到打卡，获取能够用来兑换各种优惠券及奖品的"盒花"，如图 3-4 所示。

图 3-4 签到领"盒花"

3. 留存

当用户长期不活跃，逐渐开始转变为流失用户时，运营者会通过短信给这些用户发放优惠券，引导用户重回平台消费，完成对流失用户的召回，如图 3-5 所示。

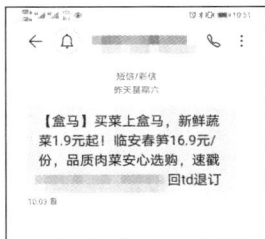

图 3-5 盒马向用户发送的短信

4. 转化

运营者每天会在盒马 App 中推出一些特价商品，并发放当日可用的优惠券，吸引用户下单购买，促进用户在平台的购买转化，如图 3-6 所示。

图 3-6　每日特价商品及优惠券

在上述案例中可以看到，用户运营的主要工作和拉新、促活、留存、转化息息相关。

思考与练习

思考一下：在运营一个微博账号时，拉新、促活、留存和转化分别对应哪些工作？

3.2　用户画像

用户画像又称用户角色，作为一种勾画目标用户、联系用户诉求与设计方向的有效工具，用户画像在各领域得到了广泛的应用。

绘制用户画像是新媒体运营工作的起点。绘制精准的用户画像可以为后续的运营工作锚定整体方向，减少大量不精准的运营工作造成的资金和人力资源的浪费。

▶▶▶ 3.2.1 筛选目标用户

绘制用户画像是围绕目标用户展开的。目标用户不同，绘制出的用户画像可能会有较大偏差。在不同的活动中，以及不同的时间段内，目标用户可能随时变化。所以，找准目标用户，是绘制精准的用户画像的第一步。

在同一个企业中，不同的活动可能会有不同的目标用户。例如，在品牌的淘宝官方旗舰店举办一场优惠福利活动和在微信社群举办一次分享裂变活动，针对的用户就是有差别的。

另外，在企业长期战略规划中的目标用户和某一次活动所针对的目标用户也可能不同。

例如，一家化妆品企业，制定了希望通过微信公众号平台实现"涨粉"及变现的长期目标，在这一规划中，企业的目标群体可能是所有使用微信公众号，并且有可能购买产品的用户群体，这能覆盖到数量相对庞大的用户群体。与此同时，为了提升复购率，该企业决定举办一次以老用户回馈为主题的社群活动。这时，目标用户可能是在半年内有过购买记录，并且已经添加过客服微信账号的用户。

目标用户将直接影响后续一系列运营方案的制定。所以，在每一次的运营工作开展之前，都要先进行目标用户的筛选。

筛选目标用户，一般可以通过 4 个步骤完成，如表 3-2 所示。

表 3-2   目标用户筛选步骤

第一步 用户查找	带入活动场景，找出所有可能参与活动，并且能够帮助企业达成活动目标的用户
第二步 用户分类	归纳这些用户的特征，按照不同的特征进行分类
第三步 用户筛选	比对不同类别的用户，找出获取成本最低、参与意愿最强、最容易对结果产生正向影响的那一部分用户，作为活动的目标用户
第四步 用户验证	在有条件的情况下，可以对目标用户采样，在小范围内进行测试与验证

▶▶▶ 3.2.2 用户画像常见标签

用户画像，其实就是用户信息的标签化。针对特定的用户群体，运营者通过收集他们在个人基本属性、社会属性、消费习惯等多个标签下的数据，对其进行统计和分析，就可以帮助企业判断或预测用户的偏好及行为。

可以说，绘制用户画像就是通过提炼用户标签来完成的。每一个标签都是对用户某种特征的描述。多个标签汇聚在一起，就构成了用户画像的轮廓，如图 3-7 所示。

图 3-7　用户画像的轮廓

绘制完整的用户画像，可以帮助运营者了解以下 3 个问题。

Who：用户是谁？分析用户的固定属性，能够帮助运营者判断用户偏好，以决定推送什么信息给用户。运营者可以通过固定属性标签来进行描述。

Where：用户在哪里？即分析用户路径，包括用户打开频率较高的聊天软件、用户常用的搜索网站、用户常看的内容平台等。通过对用户路径的分析，运营者能够找到触达用户的渠道。运营者可以通过路径标签来进行描述。

What：用户在做什么？即分析用户场景，包括用户在某特定场合或特定时间的常见动作。例如，了解在早上起床、通勤路上、晚上睡前等场景内，用户是如何学习、如何娱乐的。了解这些，能够帮助运营者明确触达用户的时间及方式。运营者可以用场景标签来描述。

因此，提炼用户标签、绘制用户画像，可以用以下公式来描述。

用户画像=固定属性标签+路径标签+场景标签

其中，固定属性标签又可以被分为个人基本属性、生活/社会属性、兴趣偏好、消费偏好、行为信息这 5 个小类，如表 3-3 所示。

表 3-3　用户画像常见标签

标签类别		用户画像常见标签
固定属性标签	个人基本属性	年龄、性别、学历、身高、体重、健康状况、收入水平、婚恋状况……
	生活/社会属性	职业/行业、社会地位、居住情况、出行方式、就餐方式……
	兴趣偏好	对旅行、音乐、影视作品、体育、美食、书籍等内容的兴趣偏好……
	消费偏好	价格/价位偏好、品牌偏好、购买决策时长、购买渠道……
	行为信息	登录情况、浏览情况、收藏点赞评论等互动情况、消费记录……
路径标签		常用的 App、常访问的网站、常用的购物平台、关注的新媒体账号……
场景标签		用户在特定场合、特定平台、于特定时间内的行为习惯……

企业通过提炼用户标签，绘制出精准的用户画像，就可以据此制定有效的运营方案。

例如，"罗辑思维"出品的得到 App 是一款知识服务型应用软件，旨在为用户提供"省时间的高效知识服务"，用户在 App 内可以收听图书讲解、语音课程等音频内容，如图 3-8 所示。

得到 App 自 2016 年上线以来，取得过许多不菲的成绩，目前已成为我国知识付费领域中具有影响力的应用之一。它的成功与其产品的精准用户画像密不可分。

在用户固定属性方面，得到 App 的用户年龄集中在 25～30 岁，大多处于职业生涯的上升期，有比较强烈的学习欲望。

在用户路径方面和用户场景方面，得到 App 的用户喜欢关注一些职场类公众号，会在通勤的路上利用碎片化时间学习。

图 3-8　得到 App 首页

借助"用户画像=固定属性标签+路径标签+场景标签"这一公式，可以完成得到 App 的用户画像，如表 3-4 所示。

表 3-4　得到 App 的用户画像

标签类别	标签内容	
固定属性标签	25～35 岁、职业上升期、爱学习	
路径标签	关注职场类公众号	
场景标签	上下班通勤路上，以收听语音的方式学习	

围绕这一用户画像，运营者的各项运营工作变得有章可循，也可以据此制定出多项有针对性的运营方案。

例如，得到 App 的创始人通过微信公众号"罗辑思维"，每天早上向用户推送 60 秒的语音内容，帮助用户利用碎片化时间学习，如图 3-9 所示。

图 3-9 "罗辑思维"的每日语音分享

这一举措，为微信公众号"罗辑思维"带来了大量的粉丝，此后推出的得到 App 中有很多用户就发展自微信公众号的粉丝。

▶▶▶ 3.2.3　绘制用户画像的注意事项

要想绘制精准的用户画像，运营者需要掌握正确的方法。错误的用户画像绘制方法，往往会导致用户运营工作整体跑偏。

1．关注用户画像的时效性

用户的兴趣标签可能会不断变化。因为在不同的时间段内，用户的兴趣可能会发生改变。所以，运营者在绘制用户画像的时候，就需要考虑标签的时效性。如果拿已经失去时效性的数据作为绘制用户画像的参考依据，而用户的实际情况已经发生改变，自然无法绘制出精准的用户画像。

需要注意的是，不同类型的用户标签的时效性也有所不同。例如，固定属性标签就相对稳定，因为用户的性别、学历、身高等属性一般不会轻易发生变化，而路径标签与场景标签往往会随着用户所处外在环境的变化而发生较快、较频繁的变化。

运营者需要对不同标签的时效长短做出判断，并及时更新数据。

2．注意样本数量的充足性

在绘制用户画像时，一个比较常见的错误就是样本数量不足，影响判断。

例如，在通过问卷调查收集数据，研究某一个用户群体时，如果运营者只在其中抽样了很小比例的一部分用户参与答卷，则结果很可能受到个别特例的影响而不准确。

例如，淘宝的"千人千面"，就是根据每个用户在平台的点击、浏览、收藏、购买等行为，推测用户可能购买的产品，并在首页、搜索框等位置展示。所以，不同用户用自己的手机打开淘宝首页，看到的内容可能是不同的，如图 3-10 所示。

图 3-10　淘宝 App 向不同用户展示不同内容

平台如果想得到更为准确的结论，就需要对用户的多次行为进行追踪。如果用户使用平台的时间很短，后台抓取的数据不足，推荐的结果可能就不够精准。所以，运营者在收集数据时一定要保证样本数量的充足性，避免以偏概全。

3．避免代入式画像

代入式画像是指运营者将自己或团队的日常行为进行系统分析，或者将自己过往的经验作为绘制用户画像的依据。

代入式画像非常容易导致结果出现偏差，这是因为运营者个人的经历及其接触过的群体都是有限的，不一定能代表大多数用户。

所以在实际的运营工作中，运营者不能根据自己"想当然"的结论去绘制用户画像，一定要以充足的样本数据为依据进行分析。

思考与练习

1. 尝试为微博会员的目标用户绘制用户画像。
2. 在绘制用户画像时，目标用户的基本属性标签是否越多越好？

3.3 用户运营四大板块之拉新

用户拉新，主要是指通过硬广、软文、活动等方式实现用户数量的增加。

当运营的主体不同时，用户拉新也对应着新增注册用户数、粉丝增长数、微信个人号新加好友数等不同的数据指标。

拉新是开展用户运营的开端，是后续针对用户开展促活、留存和转化工作的基础。运营者想取得理想的效果，实现如变现、扩大品牌影响力等目标，都需要以拥有一定体量的用户作为基础。所以，运营者要高度重视用户拉新工作。

>>> 3.3.1 线上渠道拉新

对多数互联网企业而言，各大线上新媒体平台是其主要的拉新渠道。运营者需要在众多新媒体平台中找到目标用户所在的平台，在充分了解和熟悉平台的特点及规则后，选择合适的方式进行拉新。

1. 线上渠道拉新方式

运营者可以通过输出优质内容及付费推广这两种方式，在线上渠道获得曝光，完成用户拉新。

（1）输出优质内容。

在类似抖音、小红书、知乎等内容型的新媒体平台上，企业可以注册企业账号，或以企业创始人、代言人、员工甚至虚拟人设等身份开通账号，成为平台上的内容创作者，通过输出优质的内容在平台获取流量，吸引用户关注。

这样做的好处是，账号粉丝以存量的形式在不断积累，如果运营的效果比较理想，在运营一段时间后，账号积累了大量的粉丝，会形成强大的势能。一个千万级别粉丝的账号，每发布一条内容，都有上千万的用户可以看到，企业可以相对轻松地实现品牌宣传和用户转化的目标。

想实现粉丝增长，运营者必须具备较强的内容输出能力。因为大多数平台都需要通过优质的内容来满足平台用户的需求。一些平台甚至会定期推出一些内容创作活动，鼓励运营者发布高质量的内容。

例如，知乎 App 就在 2021 年 1 月推出了"科学求真"专题活动。运营者在平台发布符合要求的视频内容，就可以参与瓜分 1 亿流量，还有机会获得现金奖励，如图 3-11 所示。

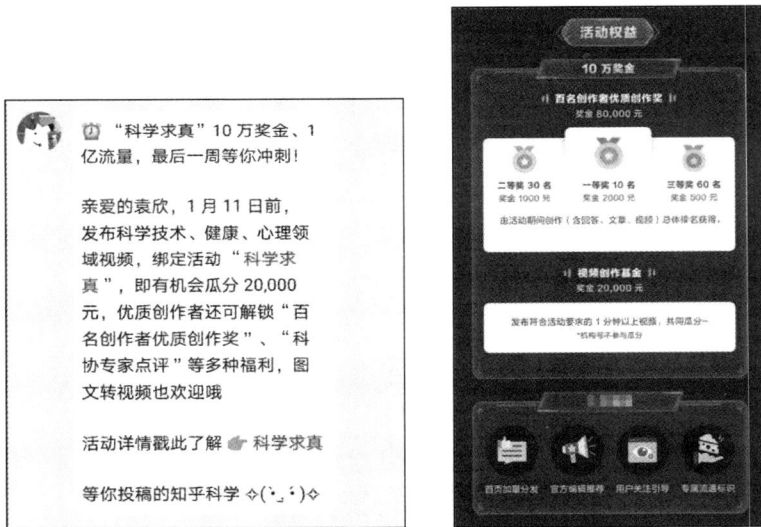

图 3-11　知乎 App"科学求真"专题活动

持续、稳定地输出高质量的内容，是在内容型新媒体平台获得曝光，实现"增粉"的主要方式。

（2）付费推广。

除了通过优质内容换取流量，企业也可以以付费的方式在新媒体平台上购买流量。

例如，一些企业想要获取在百度上搜索某些关键词的用户，就可以通过百度的官方付费推广产品"搜索推广"进行广告投放，如图 3-12 所示。企业投放广告后，用户在搜索指定关键词时，就会在搜索结果页的显著位置看到企业的推广信息。

图 3-12　百度付费推广产品"搜索推广"

此外，企业也可以在一些内容型新媒体平台上购买流量，如抖音的"DOU+"、小红书的"薯条"、微博的"粉丝头条"等，这些都是平台官方推出的付费推广产品，如图 3-13 所示。

抖音"DOU+"　　　　小红书"薯条"　　　　微博"粉丝头条"

图 3-13　内容型新媒体平台的付费推广产品

除官方推广渠道外，内容型新媒体平台上的部分拥有庞大粉丝数量的"大V"创作者，也可以作为付费推广的合作对象。有的"大V"会收取费用为企业发布推广信息，其本质上，也属于企业付费购买流量。

2. 筛选适合的新媒体平台

通过线上渠道拉新时，运营者需要在众多新媒体平台中做选择，找到合适的渠道，运营者可以从以下 3 个角度进行考量。

（1）关注平台用户的精准度。

拉新工作力求精准。运营者需要关注新媒体平台用户的精准度，避免在投入了大量的人力、物力之后，获取到的是不匹配的用户。

在上述绘制用户画像的标签公式中，路径标签就是对目标用户所在流量池的描述。运营者可以对用户路径进行分析，找到用户精准度相对较高的新媒体平台。

（2）关注平台的定位及内容偏好。

不同的新媒体平台，可能会有不同定位以及不同的内容偏好。例如，同样是视频平台，抖音重点扶持短视频，而哔哩哔哩则以 3 分钟以上的长视频为主要扶持内容。

运营者需要关注新媒体平台的定位与内容偏好，分析是否与团队在现阶段的运营目标及运营能力相符合。

（3）关注平台的规则限制。

所有新媒体平台，都有各自的平台规则，对用户行为做出规范。有的平台对于外部"引流"的限制会较为严格。例如，小红书就明确指出不鼓励发布营销或"导流"信息，如图 3-14 所示。

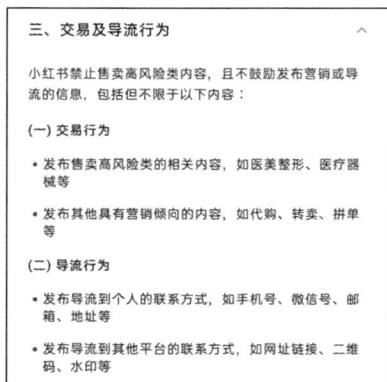

图 3-14　小红书平台规则

在选定一个平台进行拉新之前，要先了解和熟悉平台的规则，避免在后续的操作中受到意料之外的限制，影响拉新效果。

▶▶▶ 3.3.2 线下渠道拉新

通过线下渠道拉新是相对传统的拉新方式，但对部分互联网企业而言，这依旧是线上渠道拉新无法完全替代的方式。

在某些特定的情况下，通过线下渠道拉新，可以以更低的成本获取精准度更高的用户。线下渠道拉新适用的情况主要如下。

（1）企业有线下业务，或者需要获取特定区域内的用户。

相较于线上渠道"引流"，线下拉新的优势在于可以以地域为标签，更加准确、便利地触达特定区域内的用户，实现线下用户的精准"引流"。

例如，外卖 App 在发展初期需要获取线下各指定区域内的商家和用户。此时，通过地推的方式去邀约商家入驻平台，并且在指定区域内投放线下广告吸引用户，就是非常有效的拉新方法。

（2）产品的客单价较高。

普遍而言，产品的客单价越高，越需要和用户之间建立信任。通过线下渠道拉新，以面对面的方式交流，更有利于提升用户的信任度。

所以，如果产品的客单价较高，运营者可以结合企业的实际情况，综合分析考虑通过线下渠道"引流"是否更为合适。

（3）企业有实体店铺。

一般情况下，实体店铺每天会有一定数量的到店用户，将这些用户"引流"到线上平台后，就可以在用户离店后通过线上平台进行后期维护，持续转化用户。有实体店铺或其他稳定线下"引流"渠道的企业，可以尝试把用户"引流"到线上平台。

如果企业存在以上几种情况，都可以考虑通过线下渠道拉新。

常见的线下渠道拉新方式主要有地推/陌拜、实体店内"引流"、线下广告投放、开展线下活动等，如表 3-5 所示。

表 3-5　常见的线下渠道拉新方式及操作方法

线下渠道拉新方式	操作方法
地推/陌拜	通过发放单页、赠品等宣传物料，对目标用户进行"引流"
实体店内"引流"	引导实体店内的用户完成应用下载、账号关注、添加店铺微信号等操作

线下渠道拉新方式	操作方法
线下广告投放	付费在线下渠道投放广告,如投放公交车站牌广告、电梯广告、路牌广告等
开展线下活动	通过讲座、展会、竞赛等不同类型的活动,吸引目标用户到场

▶▶▶ 3.3.3 裂变活动拉新

每个用户都有自己的人脉圈,运营者在触达某个用户之后,就可以设计裂变活动,引导该用户在自己的人脉圈中推广指定的信息,完成推广任务后,该用户就可以获得相应的奖励。这一过程,就是种子用户裂变。

一场成功的裂变活动,可以帮助企业以较低的成本获得高精准度的用户。

例如,"生财有术"成立于 2017 年,是一个高质量的付费社群。用户年龄主要集中在 25～40 岁,有一定职场经验,对创业、副业、赚钱等话题感兴趣。社群主要为用户提供交流的平台,引导会员分享经验和心得。

"生财有术"在 2020 年 10 月,发布了一款"生财日历",里面涵盖了个 365 个"生财"小建议。

2021 年元旦前夕,"生财有术"举办了一场裂变活动,用户转发裂变海报,邀请 18 个好友扫码并关注企业的微信公众号,就可以免费领取一本日历,如图 3-15 所示。

图 3-15 "生财有术"裂变活动海报及奖励规则

通过这场活动，"生财有术"在短短 76 小时内，吸引了 14 万名用户参与活动，微信公众号"涨粉"数量高达 13 万人，并达到了 84%的用户留存率，如图 3-16 所示。

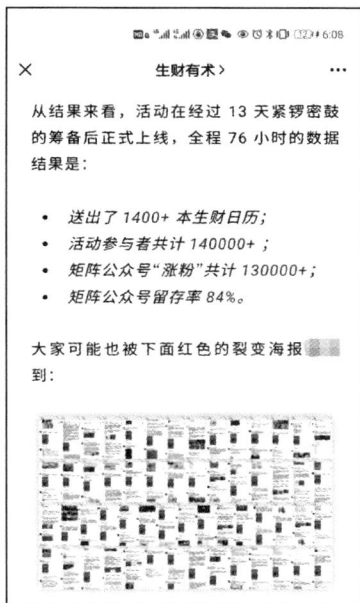

图 3-16 "生财有术"裂变活动数据

这场裂变活动的成功之处，可以归结为以下 3 点。

1. 一定数量的种子用户

在举办裂变活动之前，企业需要先积累一定数量的种子用户。这部分用户应该对产品已经有一定的认知，最好曾经使用并认可产品。

"生财有术"在这场活动以前，已经运营了快 4 年时间，积累了大量的付费用户。这些用户对活动的宣传产生了积极的影响，让活动海报在微信朋友圈被广泛传播。

2. 有吸引力的裂变"诱饵"

"生财有术"已经有了非常清晰的用户画像，这款"生财日历"就是针对目标用户打造的，从内容到包装，都符合"生财有术"目标用户的偏好。并且，在活动上线前，企业已经通过日历在市场的销售情况验证了其对用户的吸引力，以此作为活动"诱饵"，能充分调动用户的积极性。

3. 完善的裂变活动方案

裂变活动方案中应该有对活动时间、人员安排、活动预算、活动流程等内容的详细规划。

"生财有术"的裂变活动，在上线前经历了13天的筹划期，让活动在多达14万名用户参与的情况下，能够顺利推进。

▶▶▶ 3.3.4 考核拉新效果的四个维度

用户拉新，既要追求"数量"，也要重视"质量"。运营者需要从用户增长数、用户精准度、用户增加成本，以及用户留存情况四个维度综合考核拉新的效果。

1. 用户增长数

拉新活动最直观的效果就是单位时间内用户的增长数，这是考核拉新效果的首要依据，也是相对比较容易获取的一项数据。

2. 用户精准度

用户精准度是指新增用户与产品的匹配程度。精准度越高的用户，后期购买产品的可能性越大。

精准度对于衡量拉新效果至关重要，因为不精准的用户可能会浪费企业大量的财力和人力，而无法带来好的转化效果。例如，一个女装品牌如果"引流"了很多男性用户，则较难实现购买转化。

3. 用户增加成本

在拉新过程中，企业可能需要投入一些成本，这些成本既包括直接的费用投入，也包括人力成本、时间成本和企业内部的管理成本。运营者在拉新前，首先要做成本预算，预估完成拉新目标需要投入的资金和人力，并在拉新过程中时刻注意成本控制。

要达到理想的拉新效果，运营者必须保证用户增长成本控制在企业能接受并且不过分高于行业平均水平的合理范围内。

4. 用户留存情况

运营者还需要关注拉新后用户的留存情况。

在有的拉新活动中，用户是因为想获得奖励，才配合完成了关注、注册、下载等拉新任务。在活动结束后，如果用户没有对产品产生认知、信任和喜爱，不认可品牌的价值，很可能会快速地流失。

所以，运营者应该计算新增用户在单位时间内的留存率（留存率＝留存用户数÷用户增长数），在此期间内流失的用户并不能被计算进有效的用户增长数中。

思考与练习

你见过哪些成功的线上和线下拉新案例？谈谈你的参与体验，并尝试分析它们取得成功的原因。

3.4 用户运营四大板块之促活

企业可以依据用户的登录频率及在线时长不同，将用户分为活跃用户与非活跃用户。一般而言，活跃用户使用产品的时间更长，可能对品牌及产品有着更高的忠诚度、喜爱度与信任度，因此对企业而言，活跃用户具备更高的价值。

所以，运营者需要不断提升用户的活跃度，增加活跃用户在总用户数中的占比。

▶▶▶ 3.4.1 判断用户活跃度的依据

企业一般会统计用户在单位时间内的登录频率及在线时长，以此来判断一个用户是否活跃。但在实际情况中，由于运营主体的不同，判断的依据可能会有所差异。

例如，当运营主体是新媒体平台上的一个账号时，运营者应该关注用户点进账号主页的频率，以及在主页停留的时间这两项数据。但只有少量的新媒体平台，如微信公众号，可以向内容创作者提供相关的数据。更多的新媒体平台，并不向内容创作者提供这些数据。在此情况下，运营者只能参考点赞数、收藏数、留言数等互动数据，来侧面判断用户的活跃度。

所以，运营者需要根据企业的实际情况，结合行业的普遍情况，明确判断用户活跃度的依据，从而找到有效、准确的促活方式。

▶▶▶ 3.4.2　常见促活手段

在向用户采取促活策略前，运营者首先应该通过详细分析用户路径及行为数据、问卷调查、访谈等方式，了解用户不活跃的原因。之后，方能有针对性地采取对应的促活手段。

常见的促活手段一般包括以下 3 类。

1. 优化产品

首先最主要的，还是对产品的优化。用户关注和使用产品的目的是获得价值，所以打磨产品、满足用户的需求，是提升用户活跃度的基础和前提。

（1）内容优化。

对很多内容型新媒体平台而言，其能否提供用户想看的内容，是用户是否会继续关注平台的关键影响因素。

现在很多平台会依据用户的喜好推送内容，以满足各类用户多样化的内容需求。

一些平台会在用户注册时就着手搜集用户的内容偏好数据。例如，小红书 App 对新注册用户以及长期不登录的用户，都会进行兴趣偏好问询，如图 3-17 所示。

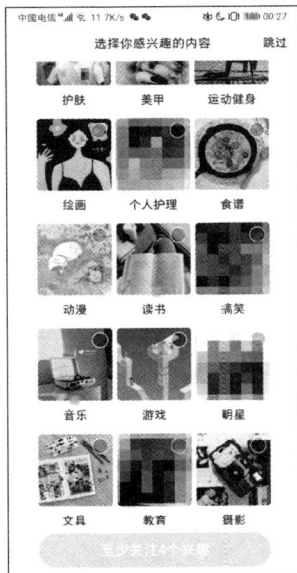

图 3-17　小红书兴趣偏好问询页面

一些平台后续还会根据用户在平台的行为，用算法分析出用户更细致的内容偏好，并抓住用户的精准需求，推送用户感兴趣的内容，不断提升用户黏性。

（2）功能优化。

用户对不同互联网产品的使用频率有差别。一部分产品属于高频使用的产品，如微信、微博、抖音等；而另一部分产品属于低频使用的产品，只有在特定的情况下才会被打开，如招聘类 App、婚庆类 App 等。

低频使用的产品想提高用户活跃度，可以尝试在产品功能上做优化，增加一些高频使用的功能，促使用户增加打开次数及在线时长。

例如，前程无忧是一款招聘类 App，主要为招聘方和应聘方提供中介平台。用户可以在平台上搜索职位、投递简历，如图 3-18 所示。

图 3-18　前程无忧 App 首页

求职是用户的低频需求，可能一两年甚至更久时间才会发生一次，用户在非求职阶段，打开 App 的频率可能极低，"找到工作即卸载"也极有可能。

为了提高用户的活跃度，前程无忧在产品中增加了一些高频使用的功能。例如，可以让用户进行讨论的"互动话题"，以及可供用户学习职场技能的"职场课程"，如图 3-19 所示。

图 3-19 "互动话题"及"职场课程"功能页

这些功能的使用就不再局限于求职阶段，可以有效提高用户的活跃度、延长用户使用周期。

2．打造用户成长激励体系

用户成长激励体系，是指平台引导用户做出特定的动作的一系列激励或约束规则，这在很多 App 中都可以看到。

例如，视频类 App 爱奇艺将会员划分为不同的等级，高等级对应着更多的权益，想要升级，用户需要通过登录、观影、付费等方式获取点数，点数越多则会员等级越高，如图 3-20 所示。

图 3-20　爱奇艺 VIP 会员成长体系

3．给用户发送通知

如果用户不主动打开 App，运营者也可以主动向用户推送其可能感兴趣的内容，如图 3-21 所示。推送内容前可以先通过绘制用户画像的公式"用户画像=固定属性标签+路径标签+场景标签"，判断用户可能对哪些内容感兴趣，并找到合适的推送时间。

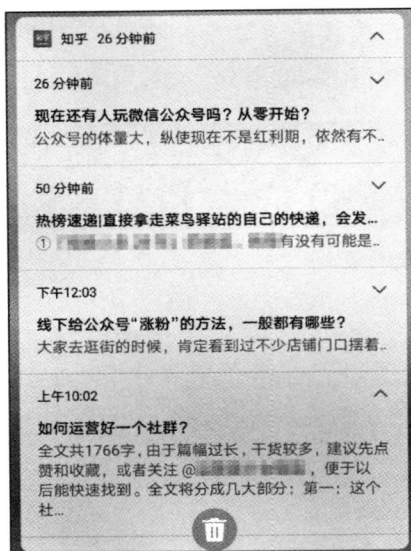

图 3-21　知乎 App 给用户发送的通知

思考与练习

1. 下载一个视频软件（如爱奇艺、优酷视频、腾讯视频），体验一下，找出平台使用了哪些促活手段。

2. 某企业的运营者分析数据后发现，每次举办福利活动时用户的活跃度较高，你认为该企业是否应该将举办活动作为主要的促活手段？

3.5　用户运营四大板块之留存

用户从接触某个 App、网站、新媒体平台账号开始，在经过一段时间后，仍然保持着一定程度的访问或使用频率，就被认为是留存用户。

运营者需要通过一系列的运营手段，尽量减少用户的流失，增加留存用户的数量，并延长用户留存的时间。

3.5.1　定义用户留存与流失的标准

每个用户从接触产品开始，直到彻底流失，一般会经历引入期、成长期、成熟期、休眠期和流失期五个阶段，这就是完整的用户生命周期。用户的活跃度会在引入期及成长期逐渐提高，并在成熟期达到最高，之后再逐渐减少，直至用户完全流失，如图 3-22 所示。

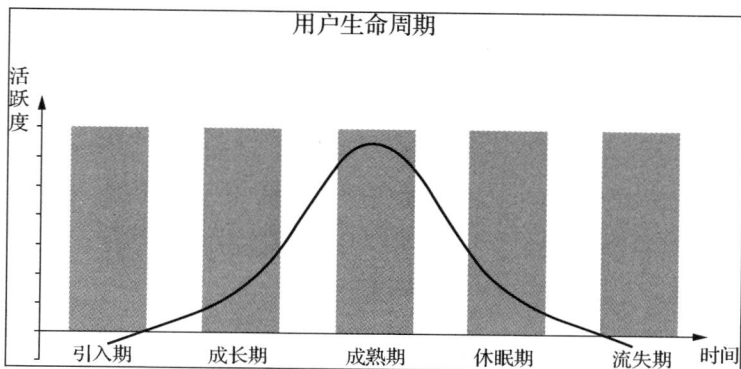

图 3-22　用户生命周期

对于处在不同阶段的用户，运营者应该采用不同的运营策略，如表 3-6 所示。

表 3-6　针对不同阶段的用户的运营策略

用户阶段	运营策略
引入期	帮助用户了解产品，建立认知，信任产品可带来的价值
成长期	为用户持续提供价值，并通过促活手段，提升用户黏性
成熟期	站在用户角度，完善产品和激励体系，延长用户的活跃周期
休眠期	分析活跃度降低的原因，提供新的价值，刺激用户重新活跃
流失期	找到能够触达流失用户的途径，向用户发送信息，召回用户

想召回流失用户，运营者需要先确定一个判断用户留存与流失的标准。一般而言，运营者判断一个用户是否已经流失，可能会遇到以下两种情况。

第一种情况，判定一个用户已经流失相对简单。例如，用户已卸载 App、注销平台账号，或者对账号取消关注，就可以认为该用户已流失。

第二种情况，是根据用户的活跃情况判断用户是否已流失。一个用户已经长期不活跃了，也可以认为这个用户已经流失了。这时候，运营者就需要对"长期不活跃"设定一个可量化的标准。这一标准可以参考企业自身及所在行业的具体情况制订。

需要注意的是，促活和留存，通常有着密不可分的关系。从前文的描述中可知，用户活跃度持续降低所带来的结果就是流失。所以，促活主要是针对还未彻底流失的用户，提升其在单位时间内的访问频率；而留存，主要是针对已经流失的用户，通过运营手段将其召回。

▶▶▶ 3.5.2　召回流失用户

用户流失以后，运营者需要先罗列所有能够触达用户的途径，然后向流失用户发送召回信息。

1．找到流失用户

常见的流失用户触达途径有以下 4 种。

（1）电话/短信。

一些 App 或网站会让用户在注册的时候提供手机号码，在用户流失后运营者可以尝试向用户发送短信进行召回。对于比较重要的用户，运营者也可以尝试电话拜访，了解用户流失的原因，并与用户详细沟通，增加召回的可能性。

（2）微信公众号。

运营者可以通过微信公众号向用户推送图文消息。和短信相比，微信公众号推文能够向用户传递更加细致和深入的信息。但运营者可能无法在微信公众号后台识别出哪些是已流失用户，导致无法向流失用户推送更有针对性的内容。

（3）微信个人号。

运营者引导用户添加个人微信号，可以帮助企业与用户建立更紧密的联系。例如，运营者可以通过发布微信朋友圈持续向用户传递信息，也可以私信用户进行一对一的沟通，还可以把用户拉到微信群中进行统一维护。

但是，运营者想通过微信个人号召回用户，需要投入较大的运营成本，如增加运营者的数量。同时，在引导用户添加运营者个人微信号时，可能也会产生一些成本。运营者应该结合企业的具体情况，判断是否需要把用户添加到个人微信号上进行维护。

（4）邮箱。

邮箱是比较传统的用户触达途径，多数用户使用邮箱的频率可能比较低。但给用户发送邮件的成本相对较低。运营者可以把邮箱作为触达用户的途径之一，配合其他的途径共同向用户发送召回信息。

2. 用户召回常用手段

在找到触达流失用户的途径后，运营者需要给用户推送信息，召回流失用户。一般而言，常见的用户召回手段可以分为以下三类。

（1）向用户承诺利益。

向用户承诺利益是比较常见的用户召回手段。运营者可以向用户发送专属的优惠券、让用户免费试用会员功能或通知用户参与在平台内举办的福利活动等。

例如，电商平台京东以短信的方式向用户发放优惠券，引导用户点击链接进入平台官网领取优惠券，如图 3-23 所示。

（2）向用户告知损失。

运营者可以告知用户，在离开平台后就无法再继续享受平台提供的服务，也就是说，用户损失了继续享受这些服务的机会。运营者可以提醒用户注意这一情况，利用用户对损失的厌恶心理，引导用户回归。

例如，在线票务服务平台携程网会向用户发送会员到期提醒短信，并在其中告知用户，会员到期后将无法继续享受会员特权，如图 3-24 所示。

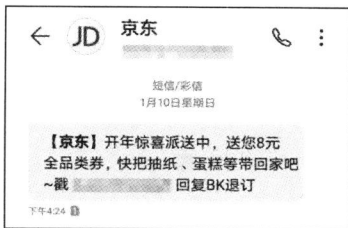

图 3-23　京东向用户发送短信

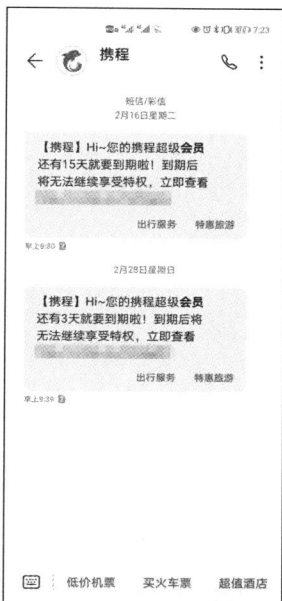

图 3-24　携程网向用户发送短信

（3）利用用户在平台的社交关系召回用户。

如果平台有较强的社交属性，运营者可以向用户强调平台的社交价值，吸引已流失用户回归。

例如，脉脉是一款帮助用户拓展职场人脉的 App，在用户流失以后，脉脉会多次给用户发送短信，告知用户有一些熟悉的同事、朋友等都在使用脉脉，引导用户登录平台查看，如图 3-25 所示。

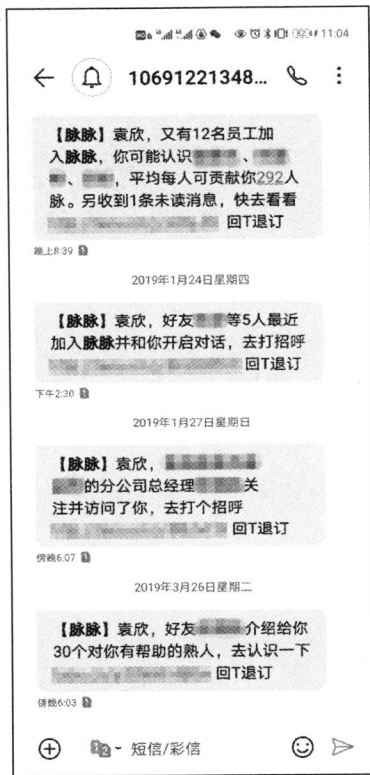

图 3-25　脉脉 App 向用户发送信息

3. 控制流失用户召回成本

运营者在召回已流失用户的时候，可能会产生一些成本。常见的有发送短信的费用、提供的优惠券及免费服务所产生的成本，以及通过福利活动召回流失用户时发生的活动费用等。

运营者除了要尽量提升已流失用户的召回率，还应该控制好用户召回成本，在保证用户召回效果的同时，尽量选择低成本的用户召回方式。

3.6　用户运营四大板块之转化

转化是用户运营的最后一站，是指企业在拥有了一定数量的活跃用户之后，尝试通过电商"带货"、会员充值、内容付费等方式进行商业变现，获取收入。转化效果的好坏，将直接影响企业最终的盈利结果。

▶▶▶ 3.6.1　通过多个指标考核转化效果

在制定用户转化目标时，运营者需要从企业在商业过程中的收入、速度、成本等多个维度综合进行分析。所以，对于转化效果的考核一般也需要参考多项数据指标来完成。

1．转化率

转化率一般是指付费用户在活跃用户中的占比。企业每获取一个用户都是有成本的，需要把已获取的用户尽可能多地转化为付费用户，所以转化率是衡量转化校果核心的指标之一。

2．购买频率

购买频率是指用户在固定时间内的购买次数。购买频率越高，代表用户的黏性越强。

3．付费用户的平均付费金额

付费用户的平均付费金额（Average Revenue Per Paying User，ARPPU）的计算方法是用付费总金额除以总付费人数。

4．活跃用户的平均付费金额

活跃用户的平均付费金额（Average Revenue Per User，ARPU）的计算方法是用付费总金额除以总的活跃用户数。

5. 生命周期值

生命周期值（Life Time Value，LTV）是指用户从注册到流失，在整个生命周期中的付费金额总数。

运营者可以通过以上 5 个数据指标，分析用户转化效果。

除此以外，运营者也可以关注其他的转化相关指标。在不同阶段，需要重点关注的指标可能不同，运营者可以根据实际情况灵活处理。

运营者还应注意避免只以单一指标考核转化效果的情况，因为这可能会导致运营效果出现偏差。例如，如果只重视转化率，而不关注购买频率，就可能忽略大量用户一次性购买后立刻流失的情况，进而影响后期用户运营的决策判断。

▶▶▶ 3.6.2 设计转化路径

转化路径，即用户从入口引入，到最后购买所需要经历的所有节点。

一些产品的转化路径会相对简单。例如，抖音平台的内容创作者，可以申请开通商品分享权限。权限开通后，内容创作者就可以在上传视频时将产品添加到购物车并进行销售。这种情况下，用户的转化路径就只经历两个步骤，如图 3-26 所示。

第一步，点击购物车图标　　　第二步，浏览商品详情页，购买商品

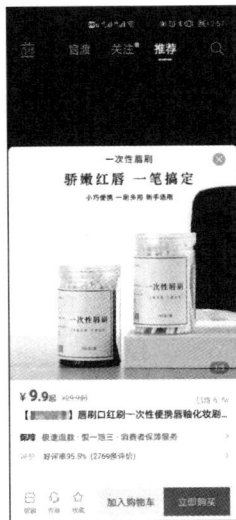

图 3-26　抖音购物车转化路径

第一步，看视频时点击播放页面左下方的购物车图标，跳转至商品详情页。

第二步，浏览商品详情页，购买商品。

但有一些产品的转化路径相对复杂。同一个商品，用户可以通过平台内的多条路径完成购买。

例如，"盐选会员"是知乎平台推出的一个重要的付费产品，用户购买后可享受多项权益，包括解锁一些付费专栏、Live、电子书等，如图 3-27 所示。

图 3-27　知乎"盐选会员"会员权益

针对这一核心付费产品，知乎在 App 中设计了多条到达路径，增加了用户购买产品的可能性。

第一，知乎在其 App 主页底部菜单栏的正中位置，放置了一个入口，用户点击菜单栏中的"会员"图标，即可进入会员页面并查看众多优质的内容，但都需要付费观看。用户可以选择单独购买一个付费内容，也可以成为会员后解锁全部内容。知乎"盐选会员"到达路径如图 3-28 所示。

图 3-28　知乎"盐选会员"到达路径

第二，在知乎搜索关键词后，可以看到在搜索结果页的优先展现位放置了电子书和盐选专栏的入口，用户点击进入后，如果想查看完整内容，就需要付费单独购买，或者成为"盐选会员"后解锁，如图 3-29 所示。

搜索结果页　　　　　　　电子书展示页　　　　　　专栏展示页

图 3-29　搜索结果页中的用户转化路径

以上两条主路径的入口，都铺设在知乎 App 中比较重要的位置，提升了用户的点击量。

除此之外，知乎还在其 App 内的其他位置铺设了入口，让用户有更多路径点击进入会员购买页面。

例如，用户购买"盐选会员"后，会获得一个展示在昵称旁边的会员标志，其他用户点击该标志，即可跳转到会员购买页面，如图 3-30 所示。

| 昵称旁展示会员标志 | 主页展示会员标志 | 点击进入会员购买页面 |

图 3-30　点击会员标志，进入会员购买界面

用户转化路径会对转化效果产生很大的影响，运营者需要关注每一条路径上用户在各个节点的转化情况，不断进行优化。

▶▶▶ 3.6.3　影响付费转化的几大因素

用户每一次做出购买决策，都受到很多因素的影响。运营者需要了解所有可能影响用户付费转化的因素，并逐个进行优化，最终提升用户的付费转化率。

1．产品的基本属性

一般而言，每个产品都有包括价格、品牌、创始人/代言人、外观/包装、附加价值、售后服务、销售平台、用户体验感在内的 8 个基本属性。

不同用户在购买不同产品时，会对产品的不同属性有不同的要求。

例如，一些用户在购买食品和化妆品时，出于安全考虑，会比较看重产品的品牌；在购买首饰等装饰品时，则更看重产品的外观。

运营者可以通过九宫格法，依次在每个方格内罗列产品的基本属性，找出产品在每个属性下的优势，如图 3-31 所示。运营者可以从中找到最具特色和竞争力的几个优势，并在产品推广与用户转化过程中重点突出和强调这几个优势。

价格	品牌	创始人/代言人
外观/包装	产品基本属性	附加价值
售后服务	销售平台	用户体验感

图 3-31　用九宫格法罗列产品基本属性

2．活动及优惠

一个有趣的活动，能吸引用户的关注；一项有吸引力的优惠政策，能增强用户的购买意愿；而活动中常见的"限时""限量"等限制条件，能缩短用户购买所需的决策时间。

活动及优惠对用户的吸引力是显而易见的。例如，天猫商城在每年 11 月 11 日举办的"双 11 购物狂欢节"，就是非常成功的促销活动案例；从 2009 年 11 月 11 日的第一届活动开始，至今已举办了十余届，用户参与活动的积极性不减，每届活动的销售额都在稳步攀升。

3．用户评价

大部分的电商平台，都引入了用户评价机制。当用户不能准确判断产品能否达到商家所宣传的效果时，其他用户的评价就成为一个重要的参考依据，可以帮助用户降低决策成本。

现在很多 App 都加入了用户评价系统。例如，知识付费 App 千聊也对平台上的课程开放了用户评价，可以为未购买用户提供参考，如图 3-32 所示。

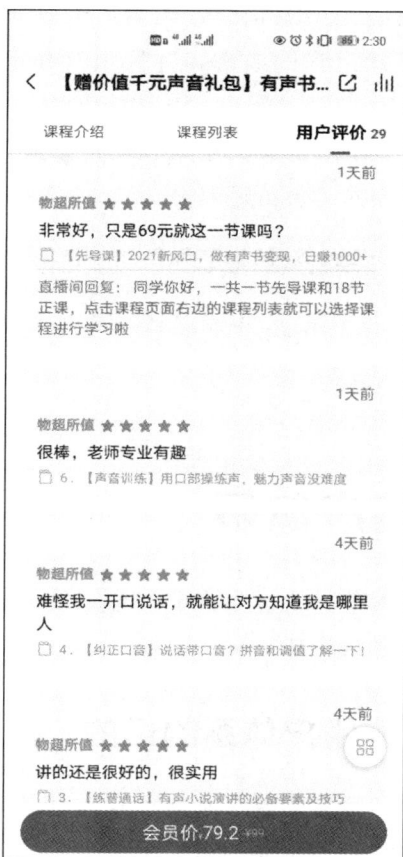

图 3-32　千聊 App 用户评价系统

4．关键意见领袖推荐

关键意见领袖（Key Opinion Leader，KOL）是指在特定领域具备一定的专业能力，形成了一定影响力的一群人，容易受到相关用户群体的信任及喜爱。

因为信任 KOL 的专业意见，一些用户可能会选择购买 KOL 推荐的产品。所以，很多企业也会选择与产品所在领域的 KOL 合作，通过付费的方式，邀请 KOL 帮助宣传产品。

5. 消费场景

同样的产品，因为消费场景不同，用户可能会做出不同的购买决策。

例如，对于生鲜类产品，用户考虑到保鲜问题，可能会更倾向于在线下渠道购买。如果想在线上渠道销售，运营者应该重点宣传物流速度快、产品是保鲜包装的，打消用户的顾虑，并突出产品产地直发、质量更好的优势。

运营者应该学会带入用户的购买场景和使用场景，分析用户在不同场景下的不同需求，提出相应的运营策略。

思考与练习

尝试在微博 App 中找出用户可以通过哪些路径完成对微博会员的购买。

3.7 构建用户体系

针对不同的用户，运营者应该将用户进行细分，并搭建用户体系，为不同的用户设计差异化的运营方式。

▶▶▶ 3.7.1 构建用户体系的目的

构建用户体系在用户运营的各个阶段都是非常必要的，能帮助企业减少不必要的资源占用，并规避不精准的运营策略。

1. 减少资源占用

企业的资金和人力都是有限的，但将同样的资源投向不同的用户，可能会得到不同程度的回报。如果想提升资源的回报率，就应该把有限的资源更多地用在更有价值的用户身上。

因此，构建用户体系能解决的第一个问题是避免资源的浪费。例如，用户在知乎平台充值成为会员后，就可以添加专属客服，享受更快速、更优质的客服服务，如图 3-33 所示。

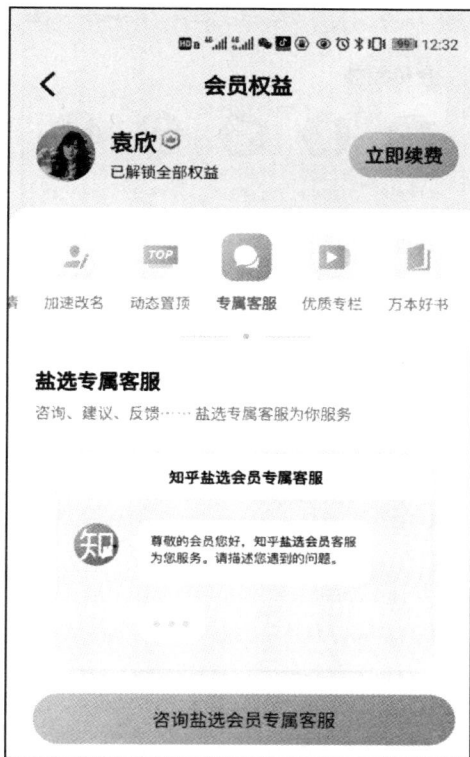

图 3-33 "盐选会员"专属客服

2. 规避不精准的运营策略

在新媒体运营中，想完成精细化的用户运营，运营者就需要对不同用户采取"差异化"的运营策略。

运营者构建用户体系以后，能更方便地区分用户，避免不精准的运营策略。

例如，在得到 App 中，用户首次开通会员可以获得 6 元使用一个月的首月优惠，而老用户续费会员则需要 48 元/月，如图 3-34 所示。

平台推出低价是因为要吸引未购买过的用户付费，完成第一次的用户转化。如果普遍推行这个价格，则会降低平台的整体收入。

图 3-34　新用户开通会员享首月特惠权益

▶▶▶ 3.7.2　借助 RFM 模型设计管理层级

搭建用户体系的第一步，是将用户按照不同的价值进行划分，运营者可以借助 RFM 模型来完成划分。

所谓 RFM 模型，即通过最近一次消费（Recently）、消费频率（Frequency）、消费金额（Monetary）三个指标组成矩阵，评估用户的价值状况的模型。RFM 模型是衡量用户价值和用户创利能力的重要工具。

根据 RFM 模型，运营者可以将用户划分为重要价值用户、重要保持用户、重要发展用户、重要挽留用户、一般价值用户、一般保持用户、一般发展用户、一般挽留用户 8 个级别，如表 3-7 所示。

表 3-7　用 RFM 模型划分用户等级

用户类型	R （时间间隔越小， 分值越高）	F （频率越高， 分值越高）	M （金额越大， 分值越高）
重要价值用户	高	高	高
重要保持用户	高	低	高
重要发展用户	低	高	高
重要挽留用户	低	低	高
一般价值用户	高	高	低
一般保持用户	高	低	低
一般发展用户	低	高	低
一般挽留用户	低	低	低

RFM 模型普遍适用于多数企业，但为了更贴近企业的实际情况，运营者还需要对细节进行调整。

1. 变更参考依据

在 RFM 模型中，主要是以用户的购买情况作为核心参考依据，但有的企业需要以用户的其他行为作为依据来进行用户划分。

例如，一些内容平台需要重点关注用户对产品的使用频率及时长，就可以把"R""F""M"三个维度调整为：最近一次打开、打开频率及浏览时长。

2. 提前设定阈值

RFM 模型，记录的是"相对数据"，并不需要一一记录每名用户购买的具体金额。其主要的作用是，把价值相当的用户划分到一起。

在使用 RFM 模型之前，运营者可以设定一个阈值。例如，规定近一个月在平台消费了 100 元的用户，就可以在 M 值中得到 1 分。具体的阈值设定，需要根据企业的具体情况以及用户的整体消费情况综合评定。

▶▶▶ 3.7.3　对用户进行分级维护

在运用 RFM 模型完成用户分级以后，运营者还需要对不同的用户制定不同的维护策略。在各大新媒体平台，都可以看到很多用户分级维护的案例。

例如，淘宝根据用户消费情况，以积分的形式筛选出有购买力的高分值用户，针对这部分用户推出了"88会员"，用户只需花费88元，就可以获得一年的会员权益，享受购物折扣、优酷会员、饿了么会员等多项权益，如图3-35所示。

图3-35 淘宝"88会员"权益

这种方式旨在挑选出有购买力的用户，向他们出售会员，再以多项优惠将用户绑定在平台进行长期消费，与用户建立更紧密的联系。

运营者在对用户进行分级维护时，应注意以下两方面内容。

1. 综合企业整体发展规划制定运营策略

用户分级运营并非一定要将企业的有限资源倾斜于某部分固定用户。在实际的运营工作中，每个阶段的核心运营方向都可能在不断调整。

例如，运营者分析数据后发现，现阶段企业的重点发展用户（即购买频率和购买金额都较大，但最近一次购买间隔较长）占比非常大时，说明可能存在重点用户大量流失的情况，这时就需要对这部分用户重点维护，制定促活和召回的方案。而在其他情境下，重点维护对象则可能是另一批用户。

整体而言，企业重点关注和维护的用户可能是随时调整的；对每一级用户的运营策略，也可能是随时变化的。运营者在实际的运营工作中要学会根据实际情况灵活处理。

2. 可根据企业情况调整级别

根据 RFM 模型，运营者可以将用户分为 8 类，但对有些企业而言，如果用户数量较少或者运营能力有限，可以根据实际情况进行调整。例如，运营者可以将用户级别进行缩减，调整为 5 级甚至更少。

思考与练习

请分享你所了解的各个新媒体平台的用户体系。

课后习题

1. 运营者可以通过哪些步骤完成对目标用户的筛选？
2. 在绘制用户画像时，有哪些注意事项？
3. 运营者可以从哪些维度考核用户拉新的效果？
4. 用户的完整生命周期包括哪几个阶段？
5. 运营者可以通过哪些数据指标考核用户付费转化的效果？
6. 企业通过构建用户体系可以解决哪些问题？

第4章 内容运营

【学习目标】
➤ 了解内容及内容运营的基本概念。
➤ 学习如何确定内容定位。
➤ 了解内容创作的流程。
➤ 了解内容运营中需要关注的数据。
➤ 了解让用户传播内容的四大理由。

内容运营是指运营者利用新媒体平台，以文字、图片、音频、视频、直播等形式将企业信息友好地呈现在用户面前，并激发用户参与、分享、传播的完整运营过程。通过内容运营，企业可以实现"涨粉"、产品销售、提升品牌知名度等运营目标。

本章将详细介绍内容运营的基本概念，帮助读者提升内容运营技能、了解完整的内容创作流程，学习如何确定内容定位、如何分析内容发布后的数据以及如何有效传播内容。

4.1　内容运营的概念及定义

对内容运营不了解的人可能会存在一个误解，即内容运营等同于内容编辑，但其实这是两个截然不同的概念，内容编辑是内容运营工作的一部分。

内容运营需要从前期确定合适的内容定位开始，通过文字、图片、音频、视频、直播等不同的内容形式，把信息"包装"为用户能够接受及认可，甚至愿意分享、传播的高质量内容，并在不同的新媒体平台将内容呈现给用户，最后通过数据分析，完成内容运营的效果评估。

内容运营需要运营者具备文案写作能力、热点追查能力、数据分析能力等多项能力。

▶▶▶ 4.1.1 内容的定义

学习内容运营，首先需要了解什么是"内容"。"内容"通常是指用户在各大新媒体平台所看到或听到的，由运营者为达到运营目标而发布的一切信息。

向用户提供内容，是新媒体平台为用户提供的服务之一。不同的平台会向用户提供不同的内容。抖音平台的视频、微信公众号文章、企业在微信朋友圈发布的活动海报、淘宝平台针对某个产品的详情页等，都属于内容，如图 4-1 所示。

| 抖音平台的视频 | 微信公众号文章 | 活动海报 | 详情页 |

图 4-1 多样化的内容

对于企业而言，任何内容被创作、呈现在用户面前，都是为了实现一定的运营目的。例如，裂变海报上的内容主要是为了让用户参与裂变活动、转发裂变海报、传播活动信息；淘宝产品详情页的内容是为了引导用户购买产品。

内容一般由 3 个要素构成，即需要传递给用户的信息、内容的形式及内容呈现效果。例如，2021 年 4 月，秋叶商学院的运营者在微信朋友圈发布了一张秋叶大叔的直播预告海报（见图 4-2），海报中包含了秋叶大叔的个人介绍、直播分享大纲、直播时间、直播地点等信息，这些信息被制作成海报的形式，便于用户在微信朋友圈中查看、分享和传播，同时，海报的设计简洁直观，便于用户快速理解运营者想传递的信息。

图 4-2　秋叶大叔的直播预告海报

▶▶▶ 4.1.2　内容的形式

常见的内容形式主要有文字、图片、音频、视频和直播等。不同形式的内容能带给用户不同的阅读体验。例如，许多电视剧是由小说改编而来的，电视剧和对应小说讲述的都是同一个故事，但由于内容形式的不同，用户阅读原著小说与观看同名电视剧时所产生的观感也有所不同。

不同形式的内容都有各自的优缺点。例如，随着 5G 时代的来临，抖音、快手等短视频平台飞速发展，各新媒体平台纷纷构建了自己的短视频板块，短视频与直播火爆一时。但是，相较于图文内容，视频内容的制作难度与成本相对更大，需要的观看条件也相对更高。

另外，不同的新媒体平台主打的内容形式也不同，如表 4-1 所示。企业如果希望在全网多个平台运营账号并进行内容分发，可以尽量选择一些支持相同内容形式的平台。

表 4-1　各大新媒体平台的主要内容形式

平台	主要内容形式
抖音、快手	3 分钟以内的短视频
哔哩哔哩	5 分钟以上的长视频
小红书	短文+图片、视频
知乎	图文、视频
微信公众号	图文
喜马拉雅、荔枝	音频
微博	短文+图片、长图文、视频

▶▶▶ 4.1.3　内容运营的必备技能

在招聘网站上搜索"内容运营"，分析一些企业对内容运营岗位人员的招聘要求，如图 4-3 所示，可以总结出内容运营人员必备的 6 项技能，具体如下所示。

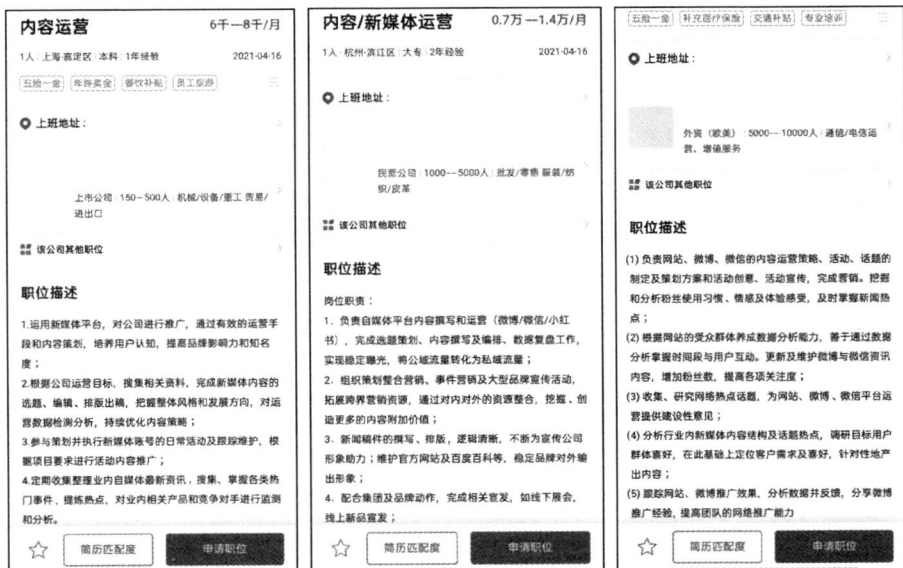

图 4-3　内容运营岗位人员招聘要求

1. 识别、采集优质内容

内容运营工作需要运营者经常使用各大新媒体平台，通过大量的阅读，以及对优质内容的分析来积累经验和素材。因此，运营者需要熟悉各平台规则及平台上的优质同行账号，并且能够识别及采集优质的内容。

2. 热点洞察能力

内容运营工作经常需要运营者借助热点提高内容的曝光度。但热点的热度持续时间通常比较短，运营者需要经常关注各大新媒体平台，在热点出现后，能够在短时间内迅速做出反应，在热点事件中快速找到和品牌或产品相关的内容角度，完成内容的创作及发布。

3. 文案编辑能力

运营者应该具备基本的文案编辑能力，需要熟悉广告法的相关规定，并且可以根据用户的需求撰写包括微信公众号推文、产品文案、互动文案、活动文案等在内的文案内容。

4. 熟练使用内容编辑工具

运营者在进行内容创作时，需要使用一些内容编辑工具，常用的有排版工具、H5 制作工具、图片处理工具和视频剪辑工具等，在每一类型的工具中，运营者至少需要熟练掌握 1～3 个工具的使用方法。

- 排版工具，如秀米、135 编辑器、壹伴等。
- H5 制作工具，如易企秀、兔展、MAKA 等。
- 图片处理工具，如美图秀秀、黄油相机、图怪兽等。
- 视频剪辑工具，如剪映、小影、爱剪辑、iMovie 等。

5. 数据分析能力

运营者必须具备一定的数据分析能力，在每篇内容发布后都对其进行数据分析。运营者需要知道在内容发布后应该监测哪几项数据，并通过数据工具进行数据采集和分析，了解内容是否符合用户的需求，找到内容中可以完善的部分。

6. 复盘能力

运营者需要制定阶段性的内容运营目标，并根据数据分析的结果对各阶段的内容运营工作进行复盘总结。在复盘中，运营者需要对导致每个运营结果产生的原因进行总结和分析,再对下一阶段的内容运营工作提出改进方案。

　　体验一下樊登读书等"听书"类 App，对比直接阅读书籍和"听书"的体验感有何不同，思考用户分别在什么情况下更愿意"看书"或"听书"。

4.2　确定内容定位

　　内容定位，是指内容的创作方向，主要包括内容创作的领域、风格，内容的长度、形式等。确定内容定位是运营者开展内容运营工作的第一件事，找准内容定位可以让后续的内容运营工作事半功倍。

▶▶▶ 4.2.1　根据目标用户确定内容定位

　　企业希望通过内容运营向目标用户推送信息，实现品牌宣传和产品销售的运营目标。所以，运营者应该根据目标用户的需求来确定内容的定位，创作目标用户感兴趣的内容。

　　运营者可以为产品的目标用户绘制详细的用户画像，再根据用户画像的结果确定内容定位。目标用户主要会影响内容定位中的内容领域和内容风格。

1.　确定内容领域

　　内容领域，就是内容创作的范围。常见的内容领域有影视、情感、生活、娱乐、旅游、科技、财经等，每个领域下又可以划分出很多细分领域，如科技领域下可以细分出科普、通信、软件、物联网等多个子领域，有的子领域还可以继续细分。运营者可以根据绘制用户画像的结果，对目标用户可能感兴趣的内容进行梳理，通过层层细分的方式找到合适的内容领域。

2.　确定内容风格

　　相同的内容，通过不同的方式表达，就会形成不同的内容风格。账号在形成自己独特的内容风格后，更容易让用户加深印象，提升用户对账号的喜爱度。不同的用户对内容风格会有不同的偏好。所以，运营者同样需要根据绘制用户画像的结果找到目标用户可能喜欢的内容风格。

　　运营者在定位内容领域及内容风格时需要注意，内容领域应尽量垂直，内容风格应尽量鲜明，这样才能帮助用户快速建立起对账号的认知，并使账号吸引的用户更加精准。

例如，Keep 是一款运动健身类软件，可以为用户提供一些线上健身课程，并帮助用户记录自己的运动数据。Keep 的目标用户主要是一些爱好健身的年轻人，他们对自己的身材有更严格的要求，追求科学、健康的生活方式。除健身外，他们也通过健康的饮食习惯来保持身材。在健身过程中，他们喜欢看别人的成功案例来鼓励自己，也乐于分享自己的健身成果。

根据这一用户画像结果，Keep 的运营者确定了账号的内容领域及内容风格，如图 4-4 所示。

（1）内容领域。

Keep 创作的内容主要包括以下几类。

- 专业的健身教程。
- 健康的饮食建议。
- 用户的健身成果分享。
- 其他与健身相关的专业知识。

（2）内容风格。

Keep 账号内容的整体风格比较幽默、个性化，贴合年轻用户的偏好。例如，Keep 微信公众号文章的首图，都是富有个性的卡通图片。Keep 微信公众号的文章中则引用了很多有趣的表情包，且文字风格也比较随意，类似朋友间聊天的语气。

图 4-4（a） Keep 抖音号的部分内容

图 4-4（b） Keep 的内容风格

▶▶▶ 4.2.2 根据平台确定内容定位

在内容定位工作中，运营者还需要确定内容的形式和长度，这主要需要根据目标平台的平台画像来完成。

运营者首先要根据用户画像结果筛选目标平台，再为目标平台绘制平台画像，最终确定内容的形式与长度。企业如果同时在多个新媒体平台运营账号，则可能需要根据每个平台的不同要求对同一个内容进行调整。

仍然以 4.2.1 小节中的运动健身类软件 Keep 为例，分析其在多个平台的账号可以发现，虽然 Keep 在每个平台上发布的内容领域和内容风格是一样的，但内容的形式及长度却有所区别（见图 4-5）。其在抖音发布的内容以 3 分钟以内的短视频为主；在小红书发布的内容除了短视频外，还有 3 分钟以上的长视频及短图文；在微信公众号发布的内容以长图文为主。

抖音：短视频　　　　小红书：短视频＋长视频＋短图文　　　微信公众号：长图文

图 4-5　Keep 在不同平台上发布的内容

▶▶▶ 4.2.3　内容定位注意事项

运营者在确定账号的内容定位时需要注意以下两个方面的内容。

1. 不能"照搬"定位

运营者可以观察分析同行账号的内容定位，将其作为自己账号内容定位的参考依据之一，但不可完全模仿照搬。只有有特色、有价值的内容和账号，才能受到用户的喜爱和市场的肯定。

2. 内容定位不可随意更改

内容定位应该保持稳定，在确定之后就不可以再随意更改，否则会影响内容运营的效果。但如果后期账号的运营目标出现变化，运营者可以根据实际情况对内容定位进行细微调整。

例如，抖音上某拥有 4600 多万粉丝的账号主要发布一些夫妻搞笑视频。对账号发布的内容进行分析后可以发现，账号在运营初期，以"涨粉"为主要的运营目标，发布作品的频率较低，且作品中较少含有广告信息，获赞数也较多；但在粉丝大量增长以后，该账号开始通过直播"带货"进行变现，这期间发布视频的频率开始提高，除了一些搞笑视频外，也经常发布一些直播预告及广告内容。该账号早期发布内容与后期发布内容如图 4-6 所示。

早期发布内容   后期发布内容

图 4-6 该账号早期发布内容与后期发布内容

思考与练习

在抖音平台找一个你喜欢的账号，分析它的内容定位是什么。

4.3 内容创作流程

内容创作是一个繁杂的过程，非常考验运营者的各项能力。运营者应该按照既定的流程进行内容创作，这样可以提升效率，创作出更优质的内容。

完整的内容创作流程应该包括选题规划、内容策划、素材整理、内容编辑、内容优化、内容发布、内容传播、数据监测在内的 8 个环节。

▶▶▶ 4.3.1 选题规划

选题规划在内容运营中非常重要，因为内容都是围绕选题展开的，如果一篇内容的选题偏离了用户的需求，用户对其并不感兴趣，那么企业将很难实现运营目标。

运营者应该尽量提前完成选题规划，避免时间仓促导致无法精准找到用户可能感兴趣的选题的情况发生。运营者可以制作选题规划表，规划出一段时间内的内容创作选题，作为下一阶段的内容运营总纲，如表 4-2 所示。

表 4-2　某账号的选题规划表

星期	内容形式	推送时间	内容选题	暂拟标题
一	视频	18:00	产品测评	热门粉底液测评
二	图文	18:00	皮肤保养	学生群体必知的护肤步骤
三	视频	18:00	美妆教程	提升温柔感的清透眼妆教程
四	图文	18:00	口红试色	9 支豆沙色口红合集
五	图文	18:00	购买推荐	24 款防晒霜选购指南
六	图文	21:00	妆容分享	3 款适合出行的妆容分享

运营者可以通过以下 4 种方式完成选题规划。

1. 抓住用户的痛点及需求

运营者可以基于目标用户画像，梳理出目标用户的痛点和需求，并以痛点的解决方案作为选题来规划内容。围绕用户痛点和需求，可以梳理出很多优质的选题。

例如，对于很多正在学习英语的用户而言，背单词困难属于常见痛点之一。通过在小红书和知乎等新媒体平台搜索关键词"背单词"，用户可以找到很多帮助提高背单词效率的内容，这些内容都是围绕着用户背单词困难这一痛点而创作的，其中不少内容都有着较高的"热度"，如图 4-7 所示。

图 4-7 关键词"背单词"的搜索结果页面

2．建立选题关键词库

内容运营工作需要运营者长期稳定地输出高质量的内容，在高频输出的情况下，运营者很容易遭遇灵感枯竭、找不到合适的选题的情况。基于此，运营者可以尝试在平时整理行业常见关键词，建立选题关键词库，在规划选题时，可以在关键词库中进行挑选，从而提升规划选题的效率。

运营者可以用搭建逻辑框架的方式整理行业常见关键词，先找到出一个核心关键词，再围绕该关键词进行延伸。例如，某个美食类账号，在建立选题关键词库时，可以先以"养生食谱"为核心关键词，再围绕这一关键词延伸出更多选题关键词，如图 4-8 所示。

3．借势热点

热点是指当下用户关注度较高的事件，热点会在短时间内受到大量用户的关注。所以，很多运营者都喜欢"蹭热点"，也就是指围绕当下的热点事件去创作内容，让内容有机会获得更多的搜索和曝光。

借势热点是内容运营中常用的运营手段，但借势热点不能脱离账号的定位，即不能为了"蹭热点"而发布一些和账号定位无关的内容。当有热点事件发生时，运营者需要先判断能否在该热点事件中找到与账号定位相关的选题角度，再决定是否要借势该热点进行内容创作。

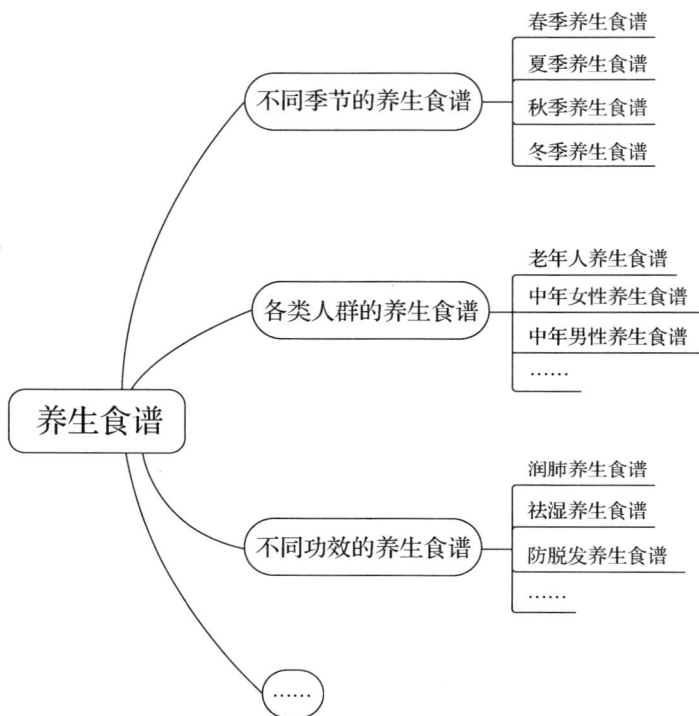

图 4-8　围绕一个核心关键词延伸出多个选题关键词

4. 同行内容分析

运营者可以关注一些优质的行业账号，对其过往的内容进行分析，筛选出近期互动数据较好的内容，并提炼这些内容的选题关键词。当有多个同行的多条优质内容中都出现相同或接近的选题关键词时，则说明该关键词就是目标用户可能感兴趣的内容。

需要注意的是，运营者在选择同行账号时，应确认这些账号的目标用户群体与自己的目标用户群体相吻合，以确保分析结果的准确性。

▶▶▶ 4.3.2　内容策划

选题规划是阶段性的内容设计，主要考虑的是"写什么"的问题；而内容策划则是更具体的内容设计，主要考虑的是"怎么写"的问题。

通过内容策划，运营者可以快速梳理出内容创作的逻辑，以便更高效地开展后续的内容运营工作。在内容策划阶段，运营者需要根据实际情况，就以下4个或更多问题进行解答。

1. 内容创作目的是什么

运营者需要明确内容创作的目的，并将其量化为可衡量的数据指标。例如，运营者希望通过某篇内容实现粉丝数量增长的运营目标时，应将这一目标量化为计划在内容发布后的多长时间内增加多少粉丝数量的数据指标。在内容创作的整个过程中，运营者需要以内容创作的目的为核心，不能偏离目的。

2. 内容大纲是什么

大纲是全篇内容的要点所在，运营者需要梳理出内容大纲，把内容分为几个部分，明确每个部分分别要向用户传递什么信息，并规划好每个部分内容的长度。梳理内容大纲可以让内容更有逻辑和条理，也会让运营者更容易把握好内容的长度。

3. 内容制作周期是多久

运营者需要提前规划好内容的制作周期，以便能够在规定的时间内按时发布内容。如果内容的发布频率和内容选题是固定的，运营者可以提前准备一定的内容存量。

4. 内容制作人员如何分工

有的内容创作需要多人协作完成，运营者就需要统筹分工，确认每个参与者需要完成的事项、完成的时间、完成的标准及要求等，保证所有参与者能够各司其职。

▶▶▶ 4.3.3 素材整理

运营者在内容创作的过程中经常需要使用大量的素材，并且收集素材通常会花费较多的时间，如果能提前建立素材库，并经常进行素材储备，就能有效提升内容创作的效率。素材一般可以分为以下三类。

第一类是运营者可以直接使用的素材，主要包括企业内部的资料，如产品资料、活动资料、过往数据等，也包括一些经过授权的图片、音频、视频等。

第二类是经运营者加工后可以使用的素材，主要包括一些已公开的案例、故事、热点和数据等。

第三类是运营者可以用于学习和借鉴的优秀作品，作品中的部分内容可以为运营者提供创作灵感，如内容的标题、选题、排版等。

运营者可以在日常生活及工作中养成收集、保存素材的习惯，将素材分门别类地储存在素材库中，在需要的时候及时取用。常见的素材储存方式有以下 5 种。

1. 新媒体平台收藏夹

运营者需要在目标新媒体平台阅读大量同类账号所发布的内容，及时进行学习和总结，看到有价值的内容后，运营者可以直接运用平台的收藏功能对内容进行分类收藏。

2. 微信收藏夹

微信作为一款用户基数大、使用频率高的软件，其生态内的内容数量及质量不容小觑。运营者在微信看到或接收到一些有价值的文章、资料时，可以直接将其收藏到微信收藏夹中。微信收藏夹还有标签功能，运营者可以设置不同的标签，对内容做标记以方便查找。

3. 计算机/手机备忘录及相册

多数计算机和手机都带有备忘录及相册功能，运营者可以在其中储存文字及图片类型的内容。备忘录的使用相对方便，运营者可以在备忘录中随时编辑、记录一些自己的想法和灵感。

4. 网络云盘

网络云盘可以在不占用设备内存的情况下储存资料，运营者可以用网络云盘保存一些较占内存的素材，或者在储存了较多素材后将素材迁移至网络云盘中进行保存。

5. 笔记类软件

笔记类软件和备忘录类似，但其功能更加全面，能满足运营者更深入的素材储存需求。常见的笔记类软件有印象笔记、有道云笔记、石墨文档、OneNote 等，各软件之间有些许功能差异，运营者可以根据自己的实际需求选择使用。

需要注意的是，运营者应该经常对素材库进行更新和整理，并对一些可能不会再用到的素材进行清理，以保证在查找素材时更加高效。

▶▶▶ 4.3.4 内容编辑

在完成选题规划、内容策划、素材整理这三项准备工作后，内容的轮廓就已逐渐清晰。此时，运营者可以开始编辑内容。以微信公众号文章为例，一篇完整的微信公众号文章一般包括标题和封面、开头、正文和结尾。

1．标题和封面

用户在浏览标题和封面时，注意力停留时间极短，如果标题和封面无法快速引起用户注意，用户往往会直接划走。由此可见，标题和封面是影响文章打开率的关键因素。运营者可以建立标题/封面素材库，日常注意收集优质的标题和封面，总结其中可圈可点之处，逐渐形成可套用的公式。

2．开头

内容开头的主要作用是留住被标题和封面吸引进来的用户。用户对标题和封面产生兴趣后，往往也会对内容产生期待，因此，开头部分的内容需要及时满足用户的预期，用户才会继续阅读后续的内容。在文章的开头部分，运营者可以详细描述用户的痛点，引发用户共鸣。如果正文内容较长，也可以在开头处做重点介绍和内容预告。

3．正文

正文是内容的核心，也是内容价值的主要展现。正文内容应该与标题相呼应，避免出现"题文不符"的情况。除了权威媒体的通告、严谨的科普文章外，一般性的新媒体文章，建议运营者通过诙谐的语言风格、丰富的案例及图文并茂的形式，增强文章的趣味性和可读性，以提升文章的完读率、互动率、关注率等数据。

4．结尾

运营者可以在内容的结尾引导用户进行互动，也可以向用户介绍账号的定位、历史优质内容、能提供的价值，以及后续将更新的内容等。好的结尾能有效提升内容与用户的互动频率，引发用户的好感。

▶▶▶ 4.3.5　内容优化

为保证内容质量，运营者在完成内容编辑之后，不要急于发布，还应该进行内容优化。运营者需要养成对已经编辑完成的内容进行检查和修正的习惯。对于比较重要的内容，可以在小范围内进行用户反馈测试。

1．内容检查修正

内容一经发布，则会吸引用户查看，甚至可能形成广泛的传播。如果内容中出现严重错误或不恰当的言论，轻则影响运营效果，给用户带去不好的体验，重则直接影响企业在用户心中的形象，对企业造成长期的负面影响。因此，运营者在发布内容前一定要仔细检查，出现以下情况时，需要及时进行修正。

（1）内容中有错别字及错误的标点符号等。

（2）内容中有可能侵权的内容。

（3）内容涉及敏感话题。

（4）内容中有偏激、消极、不健康的观点或言辞。

（5）内容中有不符合平台规范的内容。

（6）内容中有其他不宜发布的内容。

2．内容反馈测试

运营者可以将内容发到粉丝群或发给部分微信好友，在小范围内进行用户反馈测试，可以询问这部分用户的阅读感受，并在后台获取反馈数据，这可以帮助运营者了解内容能否得到目标用户的认可。如果用户反馈的结果不好，运营者可以及时对内容进行调整和优化。

需要注意的是，运营者要保证参与反馈测试的用户与目标用户完全一致，不能具备特殊性，且应该保证样本数量充足，一般要达到50～100人，避免少部分个体的个人偏好影响反馈结果。

▶▶▶ 4.3.6　内容发布

在内容定稿以后，运营者就可以在新媒体平台发布内容。

1．明确发布时间与频率

运营者可以通过代入目标用户的阅读场景的方式来确定内容的发布时

间。例如，职场类内容的目标用户主要是职场人士，因此，运营者可以考虑在职场人士的通勤时间段内发布内容，如早上 7:30—9:00 及下午 5:30—7:00 这两个时间段。运营者可以通过绘制用户画像，代入用户的生活及工作，分析用户会于什么时间在什么情况下最有可能浏览内容。

另外，运营者的账号最好保持稳定的更新频率及更新时间，以培养用户的阅读习惯。一些运营者会在账号主页注明内容更新的具体时间，提示用户准时观看，如图 4-9 所示。

图 4-9　在账号主页预告直播时间

2. 多平台分发

企业如果在多个新媒体平台运营账号，运营者往往会将同一个内容在多个平台进行分发。但由于各平台规则可能存在差异，运营者需要根据不同平台的要求对内容做出调整，避免违反平台规则导致账号受到处罚。

另外，在多个平台发布内容的时间不宜间隔太久，以防内容被他人盗用并提前在其他平台发布，导致运营者发布内容时被平台误判为抄袭，账号权重降低。

▶▶▶ 4.3.7　内容传播

内容的传播情况将直接影响内容运营的效果，内容获得越广泛的传播，企业就越有可能实现内容运营目标。运营者可以通过以下 3 种方式，提高内容被传播的概率。

1．多平台搭建账号矩阵

企业可以在多个平台搭建账号矩阵，让品牌的影响力获得更快速的提升。这是因为品牌在某个平台的账号影响力提升后，也可能带动品牌在其他平台的账号的影响力提升，使内容被更多用户看到及认可，获得更多的宣传机会，从而可以使企业的内容运营工作更加高效。

例如，淘宝美妆主播李××在小红书、抖音、微博等多个新媒体平台注册了账号，如图 4-10 所示，且每个账号都积累了大量的粉丝，并逐渐在多个新媒体平台形成了知名度和影响力的合力，成功地打造出"李××"的个人品牌，形成强大的势能，最终也使其在淘宝直播变现时获得更多流量。

| 小红书 | 抖音 | 微博 |

图 4-10　李××的多平台账号矩阵

2．付费推广

在很多新媒体平台，运营者都可以采用付费方式，由平台主动将内容推送给陌生的目标用户，这可以帮助企业在粉丝数量有限的情况下获得更多的曝光。

对于付费推广的内容，企业付出了高昂的成本，并且会推送给更多的陌生用户。因此，从运营的角度而言，付费推广的内容必须经过精心打磨、保证质量，给陌生用户留下深刻而良好的第一印象，否则通过付费方式触达的用户，也只能是一次性流量。如果内容质量过硬，企业支付少量的费用实现第一轮曝光后，内容也可能被用户转发传播，带来更多的流量。

3．账号"互推"

"互推"是一种几乎零成本并且效果较好的内容推广方式。运营者可以找到一些目标用户相同且粉丝数量相当的账号进行"互推"，可以多个账号间互相进行优质内容的转发，让内容在彼此的粉丝中获得更多的曝光。

运营者寻求合作时需要注意，务必保证双方的目标用户高度重合，并对对方粉丝的真实性、活跃度、购买力等进行验证，运营者可以在一些第三方数据平台查看对方账号的相关数据，特别需要留意数据的动态变化情况。例如，观察账号在内容发布后的互动数据。正常情况下，数据应该是曲线型快速增长达到顶峰后再曲线型缓慢下降的，但如果对方对内容互动采取了作弊手段，则可能导致数据呈现短期内直线型上升达到顶峰后在短期内直线型迅速下降的情况。运营者可以与"互推"效果较好的账号保持长期的合作。

▶▶▶ 4.3.8　数据监测

内容创作流程的最后一步是数据监测。运营者需要收集和整理各项数据，并通过数据分析对内容运营的结果进行评估和复盘。

运营者通常可以在新媒体平台的后台获取数据，但多数新媒体平台能为运营者提供的数据都比较简单，运营者如果想获取更加详细的数据，可以借助一些专业的数据平台。

例如，飞瓜数据是一个视频数据平台，可以为运营者提供抖音、快手、哔哩哔哩等账号的详细数据。在抖音版的飞瓜数据中，运营者可以查看直播数据、商品销售数据、视频内容的互动数据等多项数据信息，如图 4-11 所示。

图 4-11　抖音版的飞瓜数据首页

在专业数据平台，运营者除了可以查看自己账号的数据外，通常也可以查看其他指定账号的数据，可以用其做同行账号分析。专业数据平台一般都会收取费用，运营者可根据实际情况考虑是否需要付费购买服务。

思考与练习

　　1. 思考一下："素材整理"和"内容编辑"这两项工作的先后顺序可以颠倒吗？为什么？

　　2. 某企业微信公众号的粉丝数约为1万人，但每篇文章的阅读量只有100～200次，如果打算提升微信公众号的运营效果，运营者需要在哪些环节寻求重点突破？

4.4　内容运营中需要关注的数据

　　运营者通过数据分析可以评估内容运营的效果，根据对不同数据的分析，对内容运营各个环节的效果做出有效判断。运营者可以根据实际情况选择需要重点关注的数据。一般而言，常见的内容运营中需要关注的数据有以下5种。

4.4.1　内容点击率

　　内容点击率是指某一内容被点击的次数与被显示次数之比，点击率越高，说明内容对用户的吸引力越强。用户只有点击了内容，才能完成内容观看、互动、关注、转发、购买等一系列的动作。所以，提升点击率，是内容运营过程中非常重要的一环。

　　各新媒体平台对内容的展示方式不同，所以影响内容点击率的因素也可能不同。例如，小红书平台会重点展示笔记的封面（见图4-12），封面图在主页整个页面中的占比较大，对点击率会产生较大的影响。小红书平台账号的运营者就需要重点对笔记封面做优化。

　　但在今日头条上，封面图在主页整个页面中的占比较小，重点展示的是内容的标题，一个简短、有吸引力的标题能大幅提升内容的点击率，如图4-13所示。

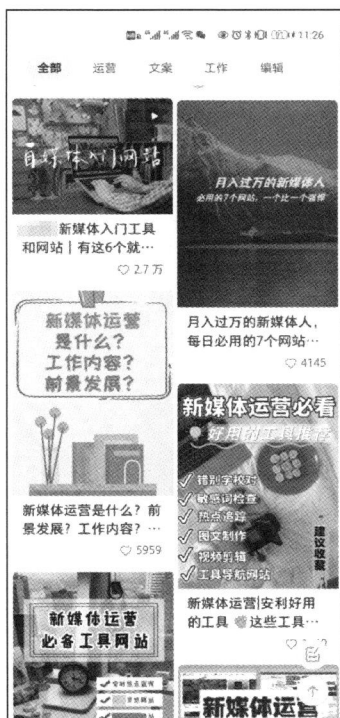

图 4-12　小红书首页笔记封面展示

图 4-13　今日头条搜索结果展示页

运营者想提升内容点击率，首先需要确认在账号所属的新媒体平台中，影响点击率的主要因素是哪些，再逐步进行优化。

▶▶▶ 4.4.2　完播/完读率

完播/完读率是衡量内容质量的重要指标之一，是指在所有浏览某一视频或图文内容的用户中，完整观看全部内容的用户比例。完播/完读率越高，运营者通过内容运营达成运营目标的可能性就越大，所以运营者需要尽量提升内容的完播/完读率。

有的新媒体平台会在后台直接向运营者展示这一数据。例如，在微信公众号后台，运营者可以查看单篇图文消息的用户阅读完成情况，如图 4-14 所示。

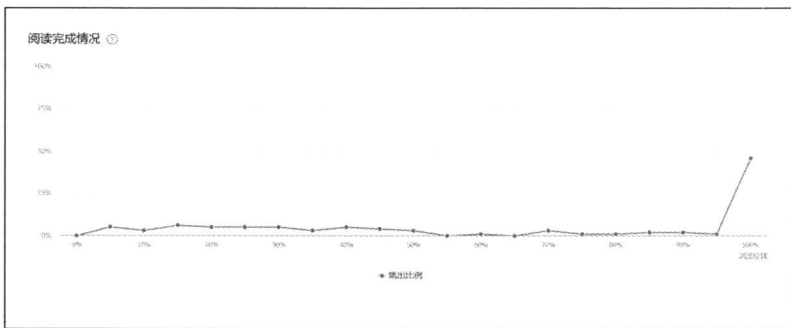

图 4-14　单篇图文消息的用户阅读完成情况

一般而言，影响内容完播/完读率的因素有以下 4 个。

1．内容质量

运营者需要注意避免成为"标题吸睛，内容乏味"或题文不符的"标题党"，虽然标题会吸引用户点开内容，但内容质量才是影响完播/完读率的首要因素。用户在观看内容时会进行内容质量甄别，只有足够优质的内容才有可能让用户停留和观看。因此，一些新媒体平台会将内容的完播/完读率作为判断内容质量高低的依据，对于内容完播/完读率较高的账号，平台可能会向其分发更多的流量。

2．内容长度

内容长短直接关系到用户浏览时间的长短：如果内容的篇幅过长，有可能会导致完播/完读率降低；如果内容的篇幅过短，也可能会导致内容质量的降低。

不同的新媒体平台适合的内容长度可能不同。例如，将一个 5 分钟的长视频分别投放于主打长视频的哔哩哔哩和主打短视频的抖音，该条视频在哔哩哔哩的完播率大概率会高于抖音。运营者在确定内容定位时，就要为发布在不同平台上的内容规划一个相对合理的内容长度。

3. 内容精准度

不同类型的用户会有不同的内容偏好，向过多的非目标用户推送内容，也会影响内容的完播/完读率。运营者想要提升目标用户的精准度，就要围绕内容定位时所确定的垂直领域创作和发布内容。垂直领域的内容更容易吸引对该领域感兴趣的用户，平台也会对账号长期以来发布的内容进行分析，给账号"打标签"，便于后续将该账号的内容推送给更多拥有同类型标签的陌生用户。由此可见，标签越明确，内容的精准度越高，越容易吸引精准的目标用户。如果运营者频繁更改账号定位与内容方向，则不利于吸引精准用户，内容的完播/完读率也会因此降低。

4. 用户期待值

用户对内容的后半部分越期待，看完完整内容的可能性则越高。所以，运营者可以在标题或内容的开头为用户制造期待，在内容的多处位置留下"钩子"，以提升内容的完播/完读率。例如，有的长视频会在视频开头处向用户介绍整个视频分为几个部分，每个部分分别在第几分钟，让用户对完整的视频内容有所了解，如果视频的后半部分有用户感兴趣的内容，则视频的完播率会比较高。

▶▶▶ 4.4.3 阅读互动率

阅读互动率是指在观看内容的用户中，完成了点赞、收藏、评论等互动动作的用户比例。互动数据是用户观看内容之后的反馈，能帮助运营者判断内容质量，了解用户的偏好及想法，以便更好地优化内容。另外，有部分新媒体平台会以用户互动情况作为判断内容质量高低的依据，对互动数据较好的内容给予更多的流量，所以运营者可以通过提升用户互动率来增加内容的曝光机会。

　　运营者可以在内容中引导用户进行互动。例如，可以在内容中提出一个用户可能感兴趣的问题，引导用户思考并去评论区展开讨论，这样可以有效地增加用户评论数，如图4-15所示。

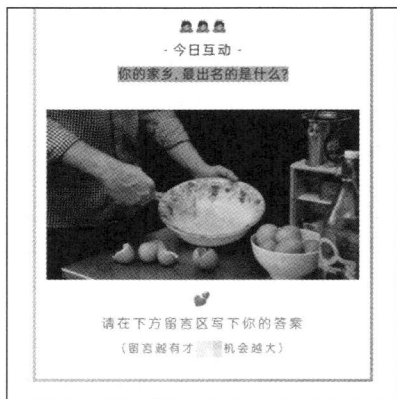

图4-15　文末引导用户评论互动

　　另外，运营者也可以直接在内容中提示用户进行互动。例如，抖音平台某美食博主，在每期视频结尾会以非常诚恳的语气请用户为其视频点赞，如图4-16所示。

图4-16　抖音平台某美食博主在视频结尾向用户"求赞"

▶▶▶ 4.4.4 粉丝增长数

粉丝能为企业创造巨大的商业价值。运营者在新媒体运营工作中需要经常关注粉丝的增长情况，在内容发布后，运营者也可以根据粉丝的增长情况判断内容质量，粉丝的增长速度通常与内容质量成正相关关系。

如果内容的曝光量、互动量都比较理想，粉丝增长速度却比较缓慢，运营者可以考虑从以下 4 个方面进行优化。

1. 保持稳定的更新

用户关注一个账号的主要目的是希望之后能看到类似的内容。以稳定频率持续更新高质量内容的账号，更有被关注的价值。

2. 发布垂直领域的内容

用户在关注账号前可能会点击进入账号的主页观看账号之前发布的内容。如果账号发布的内容类型杂乱或主题过多，用户所感兴趣的内容占比过少，同样难以吸引用户关注账号并成为粉丝。

3. 形成自己的风格和特点

在内容同质化严重的当下，用户对太过相似的内容会产生"审美疲劳"，账号内容拥有自己独特的风格和特点，则更容易让用户对账号产生好感。

4. 避免"虚假互动"

运营者通过利益诱导等手段，或者是发布一些具有争议性的言论，而引发用户的高频互动，此类互动属于"虚假互动"。"虚假互动"容易致使用户忽略所发布内容本身，本末倒置，得不偿失。提高所发布内容质量，用内容吸引用户进行高频互动，此类互动才称得上是真正优质的互动。

▶▶▶ 4.4.5 购买转化率

购买转化率是指在看到内容的用户中，最终完成了产品购买的用户比例，购买转化率直接影响企业的收益。

购买转化率受很多因素的影响，如选品、价格、产品文案等。想提升购买转化率，只关注最后的转化结果是不够的，运营者还需要关注用户购买路径中每个节点的数据。

例如，电子产品品牌"KGKE"在小红书平台销售一款蓝牙耳机，用户购买这款耳机需要经历 3 个步骤：第一步，在小红书主页找到产品的推荐笔记；第二步，点击进入该条笔记，阅读笔记内容；第三步，点击进入产品购买页面，阅读产品介绍，完成购买。用户在小红书购买 KGKE 耳机的路径如图 4-17 所示。

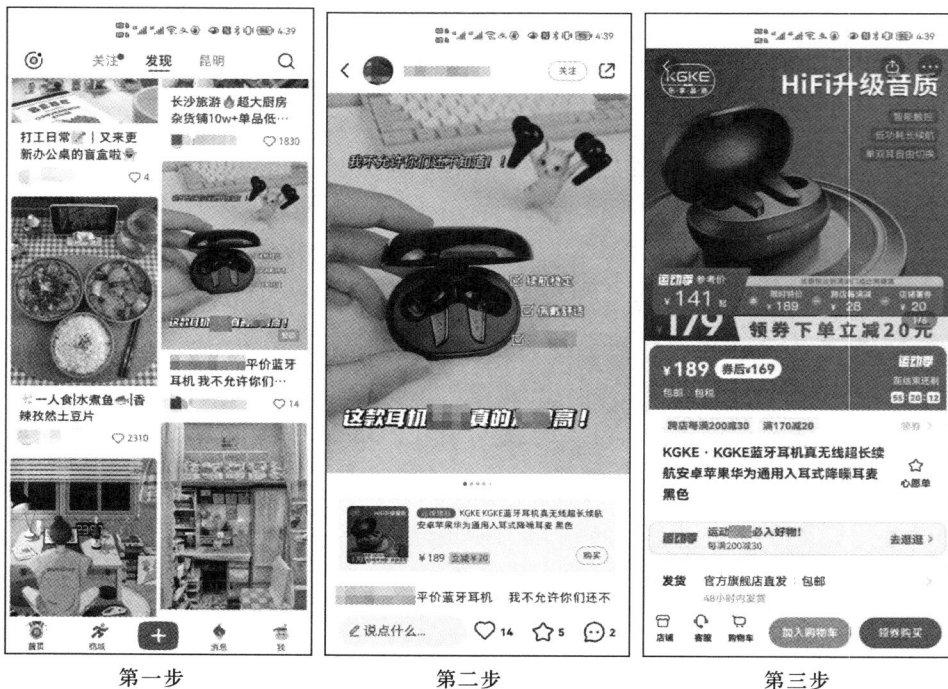

第一步　　　　　　　　第二步　　　　　　　　第三步

图 4-17　用户在小红书购买 KGKE 耳机的路径

运营者想要提升产品的购买率，需要关注用户购买路径中每一个环节的相关数据。例如，运营者首先要通过对笔记标题和封面进行优化以提升笔记的打开率；其次需要优化笔记的正文，提升产品购买页面的打开率；最后再思考，哪些因素会影响用户进入详情页后的购买转化率。

思考与练习

某企业在微信公众号发布了一篇科普类型的文章，文章的完读率很低，但是收藏数和转发数都很高，你认为造成这一结果的原因可能是什么？

4.5 让用户传播内容的四大理由

在"信任经济"愈发流行的当下，用户主动传播内容，一方面可以为企业形成良好的背书，让内容快速被更多用户看到和认可；另一方面也便于企业通过老用户的社交圈挖掘新用户，帮助运营者以更低的成本获得更好的运营效果。所以，运营者在内容运营的过程中，应该重点关注内容的传播情况，尽量让更多的用户参与内容传播。

一般而言，用户主动传播内容的理由有以下 4 个，运营者可以根据实际情况选择合适的运营手段，促使用户积极参与内容传播。

▶▶▶ 4.5.1 利益引导

利益引导是指通过给予用户实物奖品或虚拟奖品的方式，引导用户帮忙传播内容。在奖励较有吸引力的情况下，利益引导能有效提升用户传播内容的意愿。

通过利益引导让用户帮助传播内容一般主要适用于营销活动宣传、产品宣传等场景。例如，企业会设计一些优惠活动，用户完成内容传播任务后即可获得利益，这种方式可帮助运营者快速扩散内容信息，达到"涨粉"、销售产品等目的，如图 4-18 所示。

图 4-18 通过利益引导用户转发

但这种方式也有一定的局限性。内容运营的核心是靠优质的内容吸引用户关注。短期的利益虽然可以引导用户帮助传播内容，让内容在短期内获得大量曝光，但如果内容质量不佳，或用户对内容、产品或品牌并非真正认可，最终也很难实现良好的运营效果。

部分新媒体平台会对平台内发生的利益引导用户行为进行限制。例如，小红书平台就明确规定，禁止账号运营者通过利益诱导用户点赞、关注、收藏、评论等，如图 4-19 所示。运营者需要关注平台规则，切忌违反平台规定。

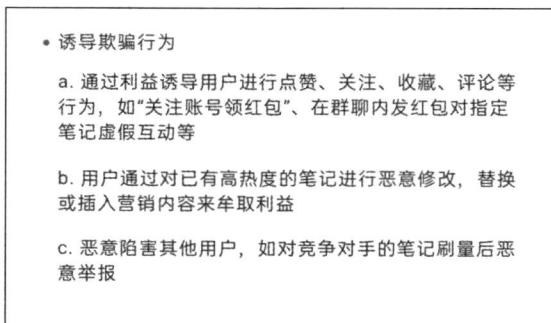

图 4-19　小红书平台对利益诱导行为的限制

▶▶▶ 4.5.2　塑造形象

大多数用户都会乐于在"人脉圈"为自己塑造爱学习、爱生活、富有爱心等积极正面的形象，如果某些内容能帮助用户塑造这样的形象，其被用户转发传播的概率就会大幅提升。一些培训机构、健身房等企业会利用用户的这种心理，设计一些微信朋友圈打卡活动，鼓励用户在微信朋友圈进行打卡分享。由于学习、健身等行为都是在塑造自己的正面形象，所以用户参与这类活动的积极性相对较高。

例如，微信公众号"小来早晚安"在 2020 年 4 月推出了一个"早起打卡"的活动，用户坚持完成打卡任务即可获得奖励。并且，用户在每次完成打卡以后，该微信公众号都会为用户生成一张精美的打卡图片，并提示用户可以保存及分享这张图片，如图 4-20 所示。

"小来早晚安"的打卡图片可以帮助用户在微信朋友圈建立积极、向上、热爱生活的正面形象，用户将打卡海报分享到自己的微信朋友圈的意愿也比较强烈，间接提升了该微信公众号的活动宣传和曝光效果。

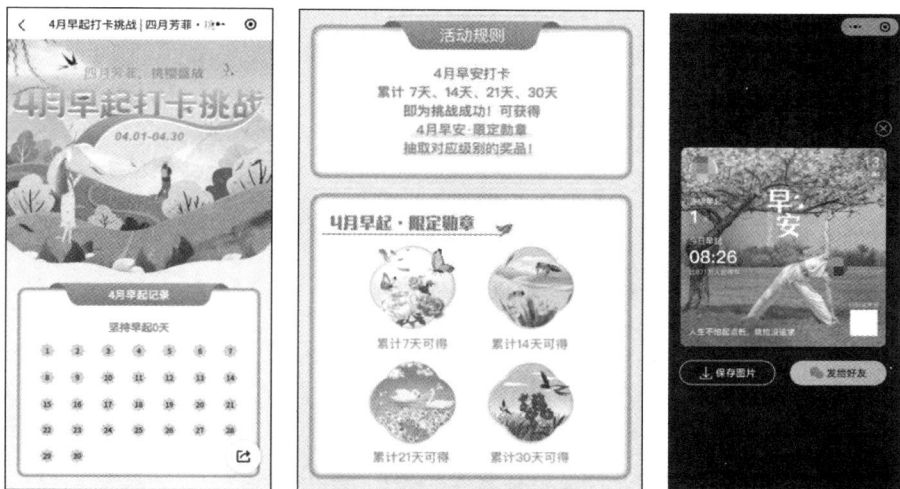

图 4-20 "小来早晚安"打卡活动页面

▶▶▶ 4.5.3 引发共鸣

当用户看到一些能够表达其所想、引发其共鸣的内容时，常常会通过点赞、评论、转发等行为表达自己对内容所传达情绪或观点的认同。

1. 表达节日期间的特殊情感

运营者可以利用特殊的节日，发布在特定情境下更容易引发用户共鸣的内容，进而带动内容的传播与扩散。常见的情绪共鸣有：在国庆节表达爱国之情，在中秋节寄托思乡之情等。运营者在创作节日相关的内容时，可以注重情绪的表达和对用户共鸣的激发，提高内容被传播的概率。例如，在母亲节期间，很多用户会通过转发歌颂母爱的内容表达自己对母亲的爱和感激，这些内容往往也能引起其他用户的共鸣，带来更多的点赞、评论与转发。

2. 评论热点事件，抒发感慨

除了节日引发的共鸣外，在一些社会热点事件中，用户也可能会产生一些比较普遍的情绪和观点。例如，在类似见义勇为等社会所提倡的正能量事件发生时，很多用户乐于表达自己对事件主人公的赞扬之情，这时候一些还原事件过程、赞扬主人公精神的内容就比较容易获得用户的转发。

3．目标用户常见情绪表达

运营者还可以通过分析目标用户，找到在目标用户群体中可能常有的一些情绪。例如，某生鲜企业的目标用户主要是当地居民，该企业的运营者发现，用户普遍有对家乡的热爱之情，于是在企业的微信公众号发表了一篇赞扬家乡美食的文章，附带了产品的购买链接，内容获得了较多用户的转发，带动了产品的销量。

▶▶▶ 4.5.4　内容利己/利他

在各大新媒体平台，有一类内容具有一定的实用性，如学习教程、科普知识、生活妙招等，这些内容有可能给用户及其身边人带来帮助，所以也属于容易被用户转发的内容。

运营者想提升实用性内容被传播的概率，需要注意以下 3 点。

1．内容具备专业性

内容应该具备一定的专业性，运营者应避免输出未经求证的"伪科学"内容。内容的类型也应该与账号定位相符，避免同一账号经常发布不同领域的内容，从而使用户产生账号及内容不专业、不可信的感受。

2．内容针对目标用户的痛点

运营者除了注意内容应该具备专业性外，还应该同时兼顾内容的实用性，内容需要与目标用户的需求相符合。如果过分追求专业性，导致内容过于深奥和晦涩，也会令用户"望而生畏"，削弱其浏览和转发的欲望。

3．内容的深度和长度合理

内容需要有一定的深度和长度，因为如果内容过于简单或者用户看一遍就能马上学会，则可能降低内容被收藏、转发的概率。一些运营者会在内容的开头提示用户"该内容为高质量内容且内容较长，阅读完需要较长的时间，建议用户转发或收藏"，这种方式也可以引导部分用户提前转发或收藏内容。

思考与练习

思考一下：支付宝的"过年集五福"活动是通过什么方式促使用户分享的？

1．内容由哪三个要素构成？

2．运营者在优化内容时，要对哪些常见问题进行检查？

3．如何建立选题关键词库？

4．如果内容的曝光量和互动率都较高，但粉丝增长率偏低，可以从哪些方面进行优化？

5．可以通过哪些方法提升用户转发传播内容的意愿？

第 5 章
活动运营

　　活动运营是指企业为了达成某项或某几项运营目标，而系统地开展一项或一系列活动。在活动运营中，运营者需要根据目标用户的特点，完成活动策划、活动执行及活动后的复盘工作，帮助企业以较低的成本达成甚至超出预期地达成活动运营目标。

5.1　活动运营的完整流程

　　活动运营并非单纯地构思一个活动创意及发布活动信息。活动运营是一项系统化的工作，其完整流程分为三个阶段，分别是策划阶段、执行阶段与复盘阶段。运营者需要做好这三个阶段中的每一项工作，才能最终实现活动运营的目标。

▶▶▶ 5.1.1　活动策划阶段

　　活动运营的第一个阶段是活动策划阶段。在此阶段，运营者需要搭建活动的整体框架，规划好活动运营工作的每个步骤，并完成活动开始前的所有准备工作。活动策划阶段主要有以下5项工作。

1. 确定活动目标

运营者需要知道做活动是为了什么，需要根据企业的现状制定合理的运营目标，后续才能根据活动目标使用相应的运营手段。

2. 确定活动主题及玩法

运营者需要根据活动目标去构思"要做一个什么样的活动"，也就是设计活动的主题和玩法，增强活动对用户的吸引力。

3. 制定活动规则，预估活动成本

活动规则中包括用户参与活动的条件及如何参与活动等信息，运营者需要制定详细的活动规则，并预估活动需要花费的成本。

4. 准备活动物料及奖品

运营者应该在活动开始前罗列好活动需要的物料和奖品清单，并在活动开始之前准备好所需的物料，避免活动中缺失必要的活动物料。

5. 预估活动风险

运营者需要对活动中可能出现的风险进行预估,并想好防范及补救措施,降低风险发生的可能性，避免意外发生，影响活动效果。

▶▶▶ 5.1.2　活动执行阶段

活动运营的第二个阶段是活动执行阶段，在此阶段，运营者需要按照活动策划中规划的执行步骤让活动顺利落地，保证活动策划方案顺利实施，并尽量提升活动效果。

1. 活动预热及发布

从活动预热开始，活动就正式被用户知晓。运营者需要通过活动的预热及发布，将活动信息散播给尽可能多的目标用户，增加活动的参与人数。

2. 活动执行

运营者需要按照活动策划中的安排按时推进活动进程，并做好数据监测和记录。要尽量避免出现失误和差错，如果活动中发生意外情况要及时处理。

▶▶▶ 5.1.3　活动复盘阶段

活动运营的第三个阶段是活动复盘阶段。在此阶段，运营者需要收集和整理活动数据，并对整场活动进行回顾及总结。通过复盘，运营者才能知道活动中哪里做得比较成功，哪里做得不足，便于在之后的活动中不断调整和改善。

活动复盘的结果对运营者来说非常宝贵，因为活动的不确定性很多，运营者的运营思路及运营手段都需要经过活动实践验证后才能确定是否可行及有效。所以，运营者必须重视活动复盘，并吸取活动复盘中总结出的活动运营经验，不断提升自己的活动运营能力。

思考与练习

某企业计划通过微信公众号邀请部分老用户参与一次问卷调查，这算是一场活动吗？运营者是否需要按照活动运营的三个阶段完成这项工作？

5.2　确定活动目标

活动一般都伴随有活动目的，如为了在短期内拉动产品销售业绩，为新产品进行宣传推广，为实现新用户数增长等。活动运营工作需要围绕活动目的开展，运营者的所有运营手段都必须指向活动目的。

需要注意的是，活动目的与活动目标不完全一致，它们虽然都指向相同的结果，但活动目标必须是可量化的。活动目标是活动目的的量化体现。例如，实现新用户数增长是活动目的，通过活动增长 1000 个新注册用户是活动目标。

▶▶▶ 5.2.1　常见的活动目的

常见的活动目的有拉新、促活、转化、传播四种。为实现不同的活动目的，运营者就需要设计不同的活动，采取不同的运营手段，如图 5-1 所示。

| 拉新活动 | 促活活动 | 转化活动 | 传播活动 |

图 5-1　目的不同的活动

活动的目的不同，活动效果的考核指标也不相同。拉新活动的考核指标主要有新用户下载数、新用户注册数、粉丝增长数等；促活活动的考核指标主要有活跃用户数、用户在线时长、内容打卡率等；转化活动的考核指标主要有用户购买转化率、成交金额等；传播活动的考核指标主要有内容转发率、内容阅读数、品牌/产品曝光指数等。

运营者应该根据企业现阶段的发展需求确定活动目的，再结合企业现阶段的实际情况制定合理的活动目标。

》》》 5.2.2　拆解活动目标

运营者根据活动目的制定了活动目标之后，还需要对活动目标进行拆解。一场完整的活动是由多个环节组成的，运营者必须做好每个环节的工作，才有可能顺利达成最终的活动目标。运营者可以为活动中的每个重要环节设定一个目标，再为达成每个环节的目标制定相应的运营方案。

例如，运营者策划了一场以微信公众号增加 500 个新用户为目标的活动，用户关注账号并转发指定的微信公众号文章后即可领取对应的奖励。在这场活动中，要最终实现用户增长，需要经历 4 个步骤，如表 5-1 所示。

表 5-1　针对各阶段用户的运营策略

步骤	活动流程	考核指标
第一步	老用户看到微信公众号推文，打开文章	老用户文章打开率
第二步	老用户决定参与活动，转发了文章	已读用户文章转发率

续表

步骤	活动流程	考核指标
第三步	新用户在老用户的微信朋友圈看到文章并点击打开	新用户文章打开率
第四步	新用户决定参加活动，关注账号并转发文章	新用户账号关注率

　　根据这一活动流程，运营者可以推算出微信公众号通过这次活动"涨粉"的具体效果与微信公众号的老用户文章打开率、已读用户文章转发率、新用户文章打开率及新用户账号关注率有关，运营者可以针对这四项考核指标分别设定目标，并制定相应的运营策略。

思考与练习

　　思考一下：同一个活动能否同时有多个运营目的？为什么？

5.3　确定活动主题及玩法

　　企业之所以能够通过活动提升运营指标，主要是因为活动能够有效吸引用户的注意，并且能够增强用户按照运营者的设定完成相应动作的意愿。在这一过程中，活动主题及玩法起着重要的作用。

　　活动主题及玩法是对活动的"包装"，能有效提升活动的效果，让活动目标更容易实现。所以，运营者在策划一场活动前，要先确定活动的主题及玩法。

▶▶▶ 5.3.1　策划活动主题

　　活动主题指在集体性活动中，以一个主题为线索，围绕主题进行活动与交流。商家通过活动主题可以吸引用户的注意，并且能够更清晰、明确地向用户传递信息，增强用户参与活动的意愿。主题能加深用户对品牌和产品的印象，在活动结束后继续为企业带来价值。

　　例如，恒大冰泉于 2021 年 3 月 22 日"世界水日"当天，在微博平台发起了主题为"健康生活，低钠饮水"的公益活动，借着"世界水日"当天用户对饮水、用水问题的关注度，呼吁广大用户饮用健康的低钠水，树立了良好的品牌形象，同时也为自己的产品做了宣传，如图 5-2 所示。

图 5-2　恒大冰泉"健康生活，低钠饮水"主题活动

运营者在设计活动主题时应该注意以下 4 点。

1. 简短明确

活动主题不宜太长，必须让用户在最短时间内理解企业想表达的中心思想，运营者最好将活动主题的字数控制在 12 个字以内。

2. 易于传播

活动主题要易于传播，运营者可以将活动主题和一些生活中常见的事物联系起来，便于用户理解和记忆，要注意避免在活动主题中使用一些比较生僻的字词和概念。

3. 突出一个中心

活动主题应该只突出一个中心，只向用户强调一个重点，避免重点太多导致用户注意力被分散，反而无法明确企业最想传递的信息。

4．围绕用户

活动主题应该符合目标用户的需求与偏好。例如，运营者在设计一个针对中老年群体的活动时，活动主题中应避免出现一些晦涩的网络用语，降低用户理解活动的难度。

▶▶▶ 5.3.2　常见的线上活动玩法

活动玩法是指在运营者既定的活动规则下，引导用户完成提前设定好的动作，最终帮助企业达成活动目的的运营手段。运营者可以针对目的不同的活动采用不同的活动玩法，以获得更好的活动运营效果。

1．拉新活动常用玩法

以拉新为目的的活动经常需要激励老用户邀请新用户，运营者可以提前为老用户设置拉新任务，再通过奖励措施激励其完成任务。拉新活动中常见的活动玩法有投票和砍价等，其本质都是鼓励老用户通过完成传播及邀请任务获取奖励，如图 5-3 所示。

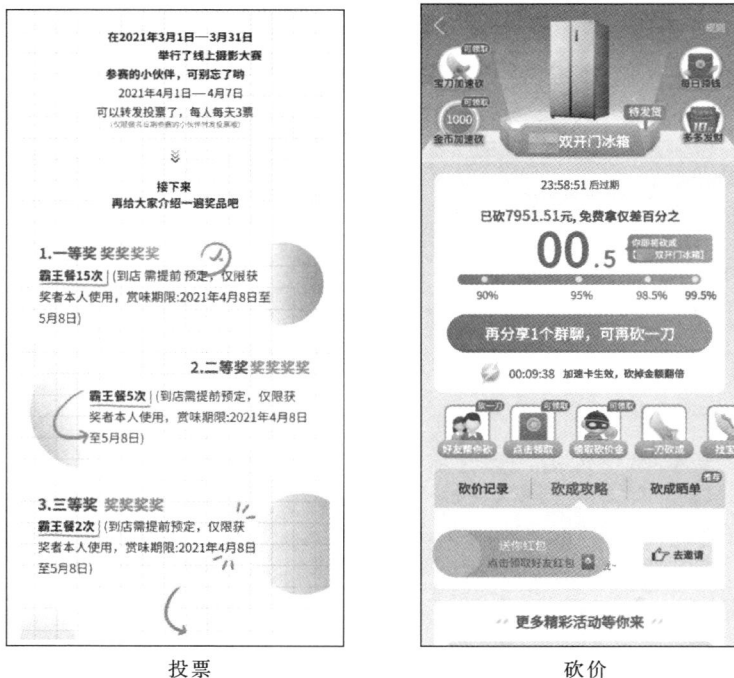

投票　　　　　　　　　　　砍价

图 5-3　拉新活动常用玩法

2. 促活活动常用玩法

促活活动的主要目的是提升用户的在线时长、登录频率等用户活跃指标。促活活动常用玩法有打卡/签到活动和征集活动等，如图5-4所示。

其中打卡/签到活动可以提升用户的登录频率，同时让企业有更多机会向用户宣传产品；而征集活动主要向用户征集创意、故事、想法等，可以丰富账号的内容，同时增强用户黏性。

打卡/签到　　　　　　　征集

图 5-4　促活活动常用玩法

3. 转化活动常用玩法

转化活动的目的主要是提升用户的购买转化率等运营指标。常见的有满减、满赠、团购等在内的促销活动，其本质都是用价格优惠引导用户购买。运营者可以为不同类型的促销活动设置参与门槛，如满减活动的门槛是用户需要购买一定价格或数量的产品，团购活动的门槛是用户需要邀约其他用户一起购买产品，如图5-5所示。

4. 传播活动常用玩法

企业在传播活动中需要鼓励用户进行转发分享,可以通过利益引导用户,也可以利用用户希望在微信朋友圈建立良好形象的心理。传播活动常用玩法有测试、比赛等，可以引导用户分享带有"夸赞"性质的测试结果及优秀的比赛成绩到自己的微信朋友圈，如图 5-6 所示。

满减   团购

图 5-5　转化活动常用玩法

测试   比赛

图 5-6　传播活动常用玩法

5. 通用活动玩法

另外有一些活动玩法是相对"万能"的玩法，在很多目的不同的活动中都可以用到，常见的有红包、答题、抽奖、积分，如图 5-7 所示。

红包　　　　　　答题　　　　　　抽奖　　　　　　积分

图 5-7　通用活动玩法

（1）红包。

红包是最常见的活动玩法，因为红包对绝大部分的用户都有吸引力。对运营者而言，红包的发放操作也相对简单。

（2）答题。

答题活动具有一定的挑战性及趣味性，容易吸引用户参加。很多用户也乐意在获得好的分数或排名后进行分享。运营者还可以为获得一定分数的用户设置优惠券奖励，促使用户购买产品。

（3）抽奖。

运营者可以在抽奖活动中设置少量的"大奖"，利用用户对获得"大奖"的期待，帮助企业在控制成本的情况下增强奖品对用户的吸引力，激励用户完成分享、购买等任务。

（4）积分。

用户可以通过购买、签到等方式获取积分，也可以在获得积分后用积分兑换产品、优惠券等奖励，所以在各种目的不同的活动中都可以使用积分这种活动玩法。

在实际的活动运营工作中，运营者可以根据具体情况将不同的活动玩法进行组合及升级，设计出有创意的活动。

运营者在日常工作中也要多收集优秀的活动案例，并对这些活动进行拆解，分析活动的创意是由哪些基础玩法组合、演变而来的，从而丰富自己设计活动玩法的经验。

思考与练习

回忆一下：有没有令你印象深刻的活动？该活动令你印象深刻的原因是什么？该活动的活动主题及玩法是什么？

5.4　制定活动规则，预估活动成本

在确定活动目标及活动主题后，运营者就需要开始规划活动的细节，制定活动规则，并预估活动的成本。

▶▶▶ 5.4.1　制定活动规则

活动规则是运营者提前设定好，用户参与活动时所需要遵守的基本原则和规范。规则中应该包含活动时间、参与条件、参与方式、领奖方式及注意事项。

- 活动时间，包括活动开始及截止时间。
- 参与条件，活动如果只针对某一类用户，或者有其他限制全民参与的条件，应在规则中注明。
- 参与方式，用户参与活动所需要完成的具体操作事项。
- 领奖方式，活动有奖品的，需注明领奖的具体时间、方式及联系人等。
- 注意事项，其他需要特别向用户说明的事项。

运营者在设计活动规则时，应该注意以下 3 点。

1．规则尽量简单

在确保已经涵盖了所有必要信息的前提下，活动规则要尽量简单、直白，便于用户快速、正确地理解规则。

2．重点展示核心规则

如果活动较为复杂，运营者可以将部分规则折叠起来，放入专门的活动规则解释页面进行展示。在海报及其他的活动介绍页面中，只重点注明核心规则即可，避免大篇幅复杂的规则妨碍用户理解与记忆，导致用户参与活动的意愿降低。

3．对复杂规则使用示例

如果活动规则比较复杂，特别是涉及一些需要计算的活动规则，运营者可以在规则中增加示例，帮助用户理解。

▶▶▶ 5.4.2　预估活动成本

运营者在活动运营中必须考虑活动成本。在活动开始前，运营者就需要完成活动预算，罗列出活动中可能产生的所有费用。在最终考核活动运营效果时，也必须将活动成本作为重要依据之一。线上活动成本主要包括以下5种。

1．员工激励成本

员工激励成本即激励团队成员所产生的费用，如活动提成、活动奖金等。

2．用户激励成本

用户激励成本主要包括购买奖品、发放红包等产生的用于激励用户的费用，可分为固定激励费用和浮动激励费用。

3．宣传成本

宣传成本即在活动宣传中产生的活动推广费用。

4．工具成本

工具成本即在活动中使用付费活动工具所产生的费用。

5．其他成本

在不同类型的活动中，可能还会产生一些其他的费用，运营者需要根据活动流程逐项进行梳理，找到所有会产生成本的环节，避免遗漏。

运营者在预估活动成本时，也要考虑成本控制，尽量减少一些不必要的开支。在保证活动效果的前提下，思考预算中的每一项支出是否有可替代的低成本方案。

思考与练习

思考一下：为什么"双 11"的活动规则从最开始的直接"全场 5 折"变得越来越复杂，这可以为商家带来什么好处？

5.5 活动物料及奖品准备

活动物料及奖品准备通常需要花费较多的时间，运营者需要提前规划活动中需要的物料和奖品，并在活动开始前准备完毕，以保证活动的顺利推进。

▶▶▶ 5.5.1 活动常用物料盘点

相较于线下活动，线上活动使用到的物料可能相对较少。常见的物料一般有以下 5 种。

1．宣传物料

宣传物料是指在整个活动中所有需要向用户展示的资料，包括活动海报、产品详情页、活动宣传视频等。运营者需要根据活动流程准备好所有需要的宣传物料。宣传物料应该风格统一，紧扣活动主题。

2．客服话术

活动中可能会产生大量的客服工作，运营者需要提前整理出用户可能咨询的常见问题，并准备好客服的回复话术，以便在活动执行过程中快速回答用户的问题。

3．营销工具

根据不同的活动玩法，对于活动中可能需要用到的一些营销工具，如现金红包、优惠券、体验券等，运营者需要提前设计及准备。

4．活动工具

在活动运营中经常需要使用一些工具，如裂变工具、二维码工具、表单工具等。运营者应该提前选择好要使用的工具，并进行试用及测试。

5．承接流量的账号

有的企业可能需要通过活动将用户"引流"到企业员工的微信个人号，

如果活动效果较好，添加好友的人数过多，可能会导致账号异常等问题出现。运营者需要规划每一个微信个人号添加用户的数量及频率，多准备几个账号，或者选择将用户"引流"到企业微信公众号等其他平台。

▶▶▶ 5.5.2　活动奖品设置

奖品可以激励用户积极参与活动，运营者在设置奖品时应注意奖品对用户的吸引力及奖品成本之间的平衡。另外，不同行业常见的奖品类型也有区别，运营者可以结合行业特点及用户需求选择合适的奖品，如表 5-2 所示。

表 5-2　各行业常见奖品类型

行业	常见的奖品类型
美妆行业	产品试用、美妆教程、女性用品等
健身行业	健身器材、课程试听、短期会员等
生鲜行业	生鲜试吃、家居用品、家庭食谱等
母婴行业	育儿书籍、育儿课程、母婴用品等
教育行业	考试书籍、学习资料、课程试听、社群交流等

运营者在设置奖品时需要注意以下 4 点。

1．奖品具备层次感

有吸引力的奖品应该符合"高价值"及"容易得"两个特点，但大多数情况下企业需要考虑活动成本，难以同时满足以上两个条件。运营者可以把奖品设计得更具层次感，用少量的"大奖"提升奖品的价值感，用大量的"小奖"提高用户得到奖品的概率。

2．筛除不精准的用户

参与活动的用户中往往有很多不精准的用户，单纯为了领取奖品参与活动，但不能为企业提供太大价值。针对这一问题，运营者可以通过奖品设置把这部分用户筛除。例如，提供女性用户专用的奖品可以过滤掉大部分的男性用户。

3．向用户说明奖品规格

运营者要在活动规则中对奖品的型号、颜色、尺寸等信息进行详细说明，避免引起不必要的误会及纠纷。

4．证明活动真实性

用户在参与活动前可能会担心无法如约拿到奖品，如果用户对活动的真实性产生怀疑，会导致其参与活动的意愿降低。运营者可以通过以下 4 种方式，向用户证明活动的真实性。

（1）在宣传物料中加入奖品的实拍图。

（2）显示奖品的实时领取情况。

（3）每次活动结束后对用户获奖情况进行公示。

（4）尽量使用具有权威性和公信力的活动工具，如微博抽奖工具等。

▶▶▶ 5.5.3　活动海报设计要素

活动海报是企业向用户传递活动信息的重要工具，在很多活动中，点击海报查看活动信息就是用户参与活动的第一步。因此，活动海报的设计尤为重要。海报中一般包含标题、副标题、卖点介绍、信任背书及行动刺激 5 个元素，如图 5-8 所示。

图 5-8　秋叶书友会课程分销海报

1．标题

海报标题要能够快速抓住用户的注意力，所以标题不能太长，一般应控制在 12 个字以内，并且应该紧扣活动主题，直击用户痛点，用简单的一句话表达清楚产品或活动的核心卖点。

2．副标题

由于标题不能占用太多字符，运营者如果想对活动有进一步的描述，或者有其他关于卖点的补充，可以将这部分内容放在副标题的位置。但副标题的内容长度也要稍加控制，尽量保持在两行以内。

3．卖点介绍

运营者还可以在海报中对活动或产品的卖点进行简单介绍，增强活动对用户的吸引力。卖点介绍可以围绕以下 3 个方面展开。

（1）可以帮助用户解决什么问题？

（2）具体是通过什么方式解决问题的？

（3）和别的产品相比有什么优势？

4．信任背书

海报的篇幅是有限的，运营者需要通过有限的篇幅展示活动的亮点和真实性，因此，运营者可以在海报中加入如品牌介绍、名人代言、讲师/创始人背景介绍等增强用户信任感的内容。

5．行动刺激

运营者需要尽力提升用户在点击观看海报之后的购买转化率，所以最好在海报中放置一些可以刺激用户下单的内容。例如，运营者可以在海报中告知用户活动"限时"或"限量"，提醒用户立即行动以免错失机会。

思考与练习

找一张活动海报，分析海报中包含了哪些营销要素。

5.6　活动风险预估及管控

活动中经常会出现一些意外情况，影响活动运营的效果，甚至给企业带来很大的损失。运营者需要做好活动风险预估及管控，尽量避免意外情况的发生。

▶▶▶ 5.6.1　活动前的检查工作

一场活动中有很多易出差错的细节工作，运营者需在活动开始前进行详细检查，避免一些不必要的失误。运营者至少需要完成以下 4 项检查工作。

1．检查宣传物料

运营者首先应对所有的宣传物料进行检查，看其中是否有以下 4 项或其他需要修正的内容。

- 错别字及错误的标点符号。
- 敏感性言论及过激的言论。
- 违反活动发布平台规定的内容。
- 涉及侵权、违约的内容。

2．检查活动规则

运营者需要检查活动规则是否存在错漏的情况，可以寻找一些相似的活动，查看其活动规则并与自己的活动规则进行对比，对自己的活动规则进行适当补充或调整。

3．核准预算

运营者需再次对活动预算进行核对，看是否有遗漏项或其他错误。尤其是针对一些金额较大的支出项目，要再次对细节（如付款方式、付款时间、购买的数量等）进行确认。

4．流程演练

运营者在活动开始前应请多人进行多次的活动流程演练，测试活动流程的合理性，对活动流程中的每个细节进行细致的梳理，确保整个活动流程顺畅。

▶▶▶ 5.6.2　常见的风险及对应的管控方法

在活动中还有一些常见的风险是无法通过活动前的检查工作规避的，对于这些风险，运营者需要提前做好应对风险的准备，以便能够在风险发生时及时处理。

1. 奖品无法正常发货

为了降低库存成本或物流成本，一些企业的活动奖品可能需要临时购买。运营者需要在活动开始前与奖品的供应商确认奖品购买的数量、时间及价格，避免活动结束后奖品无法按时兑现，让企业的声誉受损。

特别是对于一些需要临时生产的定制类奖品，应与供应商签订合同，在合同中对因供应商无法按时交货所造成的损失进行赔偿方案约定。

2. 用户发布不良舆论

用户在参与活动的过程中可能会遇到各类问题，或提出各种合理及不合理的诉求。如果问题得不到解决，诉求得不到满足，一些用户可能会在微信群、微博或其他新媒体渠道发声，发表不利于活动执行以及企业良好形象塑造的言论。

想避免此类情况的发生，运营者首先需要保证用户在遇到问题时能及时找到对接的工作人员，可以提前在宣传物料的显眼位置公布客服的联系方式，方便用户联系客服，并确保客服能够积极、诚恳地为用户处理问题。

3. 恶意投诉导致平台处罚

除正常的用户投诉外，活动中也有可能会遭遇竞争对手或其他不法分子的恶意投诉，可能会导致账号被封禁或其他恶性后果。运营者首先应该熟悉平台规则，确保活动不违反平台的相关规定，并在活动前确认平台对接人员的联系方式，如果在活动中遇到恶意投诉，及时与平台方联系并解决问题。

4. 技术风险

一些大型活动由于参与人数过多，可能面临技术风险，如服务器宕机、系统出错等。运营者需要提前与技术人员进行沟通，并在活动中与技术人员保持联系，保证出现技术故障时技术人员能够及时、快速处理。

💡 思考与练习

思考一下：如果在活动开始前 1 小时，供货商突然通知你商品库存不足，可能需要延迟发货 2～3 天，你会如何应对？

5.7 活动预热及发布

在完成活动前的准备工作后，运营者就可以开始进行活动预热及发布了。这两项工作是活动执行工作的第一步。

▶▶▶ 5.7.1 活动预热

活动预热的目的是让活动信息覆盖更多的用户，同时增加用户对活动的期待值，为活动积蓄势能。活动预热是活动发布前的一项重点工作。

1. 活动预热的效果

由于活动预热的手段及宣传力度的不同，活动预热可能达到不同的效果。活动预热需要花费成本，并非所有活动预热都需要达到最好的效果，运营者应该根据活动的实际情况制定活动预热的目标。活动预热一般可以达到以下3种效果。

（1）让用户了解活动信息。

活动预热可以让更多的目标用户知晓活动的相关信息，包括活动主题、活动亮点、活动奖品、活动时间及参与方式等。

（2）让用户参与互动讨论。

用户参与活动相关的互动和讨论，如转发参与抽奖，有助于活动信息的扩散，如图5-9所示。同时，讨论与互动的过程也可以让用户对活动建立更深刻的认知，增强他们参与活动的积极性。

（3）让用户报名锁定名额。

提供报名通道，让有意向的用户提前报名锁定活动名额，筛选出高意向的用户并重点维护。在一些以产品销售为目的的活动中，运营者也会以收取定金的方式引导用户

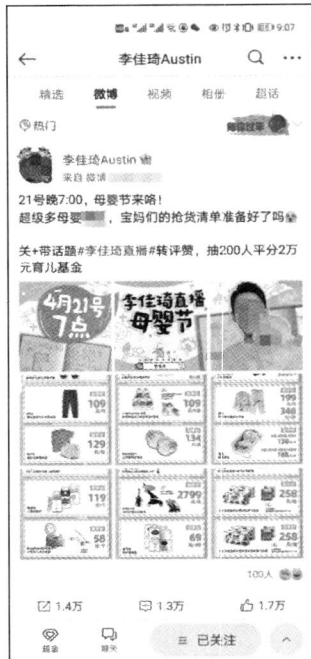

图 5-9 活动前引导用户转发互动

提前付费锁定优惠，如图 5-10 所示。

图 5-10　活动前收取定金锁定目标用户

2．活动预热的周期

活动预热的周期并不是越长越好，用户的注意力和耐心是有限的，如果预热的周期过长，用户也会失去对活动的期待。预热的周期可以视活动的大小而定，一般建议控制在 3～5 天，大型的活动可以根据实际情况适当延长预热的周期。

3．活动预热的手段

运营者可以通过多种手段进行活动预热，常见的活动预热的手段包括以下 5 种。

（1）多渠道宣传活动，在多个免费或付费渠道广泛宣传活动信息。

（2）用户签到奖励，给连续签到的用户发放奖励，在签到过程中不断向用户宣传活动信息。

（3）用户转发奖励，给转发活动信息的用户奖励，帮助扩散活动信息。

（4）产品免费/低价试用，在活动前让用户提前体验产品，增加用户通过活动购买产品的可能。

（5）建群维护用户，筛选不同意向的用户进入不同的群，在群内宣传活动信息。

▶▶▶ 5.7.2　活动发布

运营者在活动发布阶段需要考虑发布时间、发布渠道及发布对象这 3 个要素。

1．发布时间

（1）传统节日/纪念日。

运营者需要关注全年的所有节日及纪念日，最好提前设计全年的活动计划。这样做可以带来 3 个好处：第一，运营者拥有更多的活动准备时间，可以提前做好活动素材收集等准备工作；第二，运营者可以根据活动规划情况设置每个季度或每个月的运营指标；第三，企业可以围绕大型活动做整体的营销规划，如在"双 11"大促活动前，企业可以提前开展新品研发、新媒体渠道内容宣传、老用户促活等运营工作。

（2）品牌自有节日。

除传统的节日及纪念日以外，品牌也可以创建自己的节日，常见的如品牌周年庆（见图 5-11）、品牌会员日等。

图 5-11　品牌周年庆活动

（3）其他活动时间。

大型活动最好在有特殊意义的日期发布，小型活动的发布时间根据企业现阶段的营销需求进行确定即可。

2. 发布渠道

运营者在选择活动发布渠道时应重点考虑渠道的目标用户数与渠道的活动发布成本。渠道的用户应该与活动的目标用户相吻合，要保证活动信息能触达足够数量的目标用户群体。并且应该考虑不同渠道的活动发布成本，平衡发布成本与发布效果的关系，使效益最大化。

3. 发布对象

运营者可以将用户按照参与活动的意向程度进行分类，将高意向用户筛选出来，通过私信、短信、电话等方式进行活动通知，重点转化。

思考与练习

思考一下：活动预热的范围是不是越广越好？是否一定要让尽可能多的用户知道活动信息？

5.8 活动执行

活动执行工作主要考验运营者的协调能力与随机应变能力。这是因为活动期间的工作量较大，可能还需要团队多人协作完成，运营者虽然已经在活动策划阶段对活动执行的细节做出了安排，但还是可能面临很多突发情况。

运营者需要把活动执行阶段大量的工作理顺，让团队每个成员明确自己的分工和任务，做到各司其职。运营者还需要时刻盯紧活动数据，以便突发情况发生时能及时处理，冷静应对。

▶▶▶ 5.8.1 制作活动执行跟进表

在活动执行过程中会有大量的细节工作，运营者需要在精确的时间点内完成，稍有不慎便很容易出现差错。制作活动执行跟进表，将活动执行过程中需要完成的事项一一记录，再按照跟进表中的规划逐一完成各项工作，可以有效降低失误发生的概率。

活动执行跟进表一般包含工作项目、执行细节、所需物料、完成时间及负责人 5 项内容。

例如，某企业计划在 2021 年 5 月 1 日举办周年庆活动，并于活动当天在其官网和微信公众号发布"以全年最低价格限量出售年卡"的消息。这家企业的运营者计划从 4 月 20 日开始预热活动并制作了活动执行跟进表，如表 5-3 所示。

表 5-3　某企业周年庆活动执行跟进表

序号	工作项目	执行细节	所需物料	完成时间	负责人
1	发布活动预告	在微博、官网、微信公众号同步发布活动预告	活动预告海报	4 月 20 日晚 8 点	小 A
2	开启活动预报名	开放报名表单填写入口	活动报名表	4 月 20 日晚 8 点	小 A
3	添加预报名用户	微信添加预报名用户	客服微信号	4 月 20 日—4 月 29 日	小 B
4	预报名用户维护	通过微信向用户介绍产品、宣传活动	微信朋友圈文案、微信群话术	4 月 20 日—4 月 29 日	小 B
5	第一波活动预热宣传	官网及微信公众号发布文章	老用户口碑宣传文章	4 月 23 日晚 8 点	小 A
6	第二波活动预热宣传	微博、官网、微信公众号	产品介绍海报	4 月 26 日晚 8 点	小 A
7	活动倒计时	所有渠道	活动倒计时海报	5 月 1 日晚 7 点	小 A
8	活动正式发布	在官网及微信公众号开放活动入口	—	5 月 1 日晚 8 点	小 C
9	活动监测	监测各项活动数据	后台数据	5 月 1 日—5 月 3 日	小 A、小 C
10	活动结束	关闭所有优惠购买通道	—	5 月 3 日晚 7 点	小 C
11	宣布活动结束	在所有渠道宣布活动结束，感恩用户	活动结束海报	5 月 3 日晚 8 点	小 A

根据活动执行跟进表中的安排，运营者能够更顺利地推进活动进程，降低活动执行中出现差错的概率。运营者还可以根据实际情况制作更为详细的活动执行跟进表，使活动执行工作的内容更加明确。

▶▶▶ 5.8.2　根据数据反馈及时调整活动方案

活动中随时可能出现一些意外情况，运营者需要经常关注活动数据，及时发现问题并马上进行调整。

例如，某企业举办了一场针对微信公众号的拉新活动，用户关注微信公众号并回复关键词"我要领取奖品"就可以获得一张大额优惠券。但在活动执行过程中，运营者通过监测后台数据发现有大量用户不能准确回复关键词，导致这些用户无法领取优惠券。于是运营者很快进行了调整，用户回复意思相近的关键词也可以领取优惠券，保证了活动的顺利进行。

思考与练习

思考一下：活动执行跟进表是否越详细越好？为什么？

5.9　活动效果复盘

活动运营的最后一项工作是活动效果复盘。运营者需要通过数据分析，总结活动中运作良好及有待改进之处，并完成书面形式的活动复盘报告。

▶▶▶ 5.9.1　收集活动数据，评估活动效果

活动效果复盘工作需要以数据为核心依据，结合运营者的经验来总结活动效果。对于活动中出现的问题，运营者要深入思考原因，避免在下次活动中再重复同样的错误。

活动效果复盘一般需要经过以下 3 个步骤。

1．收集整理活动数据

活动中的数据一般分为两类：一类是比较常规的数据，如活动页面的访问量、页面的跳出率、活动消息的转发量、用户的购买率等；另一类是与活动相关的重要数据，如以传播为目的的活动可能需要关注活动在百度、微博等平台的搜索指数等。

运营者需要明确活动复盘需要用到哪些数据，并对这些数据进行采集和整理。

2. 收集用户反馈信息

除了数据以外，用户的反馈也很重要，它能反映数据分析无法反映出的问题。运营者可以在活动中及活动后注意收集用户对活动的评价，包括用户在后台的留言、用户咨询客服时常问的问题，以及用户在微博等新媒体平台发表的言论等。运营者也可以通过私信及问卷调查等方式主动询问部分用户对活动的体验和感受。

3. 对比活动目标，评估活动效果

运营者需要将活动数据与预设的活动目标进行对比，判断活动目标是否已经达成。如果活动未达成预期目标，运营者需要分析造成这一结果的原因，思考改进的方法，以书面形式记入活动效果复盘报告，并与团队一起召开活动效果复盘会议，总结团队成员在活动中的工作表现。至此，才算完成了活动效果复盘的全部工作。

▶▶▶ 5.9.2 活动中常见问题对应的可能原因

在活动运营中，运营结果不理想可能包括多个原因。运营者需要先罗列出可能导致问题的所有原因，再综合其他可参考数据用排除法找到最主要的原因。在活动中常见的 4 种问题及对应的可能原因如下。

1. 活动海报阅读量低

活动海报或其他活动宣传物料的阅读量低，意味着知道活动的用户少，活动将很难实现理想的运营效果。可能导致活动海报阅读量低的原因有以下 5 点。

（1）活动预热周期短。

（2）预热阶段对活动的宣传力度不够。

（3）海报设计缺乏吸引力。

（4）活动主题缺乏吸引力。

（5）用户不精准，对活动内容不感兴趣。

2. 活动转发率低

活动转发率是指在看到活动信息的用户中，有多少比例的用户参与了活动转发分享。活动传播在活动运营中非常重要，在以拉新及传播为目的的活动中，活动传播情况可能会对活动的拉新效果、品牌传播效果等产生直接影响。在以促活及转化为目的的活动中，活动转发率低也可能影响活动规模，从而间接影响最终的活动效果。可能导致活动转发率低的原因有以下 4 点。

（1）未针对用户转发行为设置奖品，或活动奖品缺乏吸引力。

（2）活动玩法缺乏吸引力。

（3）活动内容与用户的微信朋友圈形象相违背。

（4）用户质疑活动的真实性。

3．购买转化率低

购买转化率是指在看到活动或参与活动的用户中，有多少比例的用户购买了产品。可能导致购买转化率低的原因有以下 4 点。

（1）产品本身缺乏竞争力。

（2）产品介绍页的设计没有展现出产品的竞争力，或排版没有吸引力。

（3）活动优惠力度不够。

（4）活动没有给用户营造紧迫感。

4．页面跳出率高

页面跳出率是指阅读了一个页面就跳出的用户在所有访问页面的用户中的占比。用户访问活动页面，说明其对活动有一定的兴趣，并且对活动抱有一定的预期，但如果某一个页面的跳出率很高，则说明该页面中的内容未能满足用户预期。运营者应该按照以下 4 个步骤对页面进行检查和调整。

（1）思考用户为什么会点击进入页面，进入页面前抱有哪些预期。

（2）检查页面中的信息是否符合用户的预期。

（3）检查页面的排版在视觉呈现上是否有需要调整的地方。

（4）查看更详细的数据，了解页面哪个位置的跳出率最高。

针对活动中出现的所有问题，运营者都需要先详细罗列所有可能导致问题的原因，再逐一验证到底是其中的哪一项或哪几项原因对活动运营结果产生了影响。

思考与练习

思考一下：为什么复盘的结果最好要以书面形式呈现？

课后习题

1．运营者可以通过哪些方式降低用户对活动真实性的怀疑？
2．设计活动主题时需要注意哪些事项？
3．运营者在活动发布前需要完成哪些检查工作？
4．活动执行跟进表中应该包含哪几项内容？
5．完成活动效果复盘需要经过哪几个步骤？

第6章
产品运营

【学习目标】
➢ 了解产品运营的基本概念和主要工作。
➢ 了解平台产品和入驻产品的运营策略。
➢ 了解不同阶段互联网产品的运营策略。

互联网产品的范围很广，一切在互联网中产出，能满足用户需求且被用于经营的产品，都可以称为互联网产品。产品运营工作的重要性不言而喻。为做好产品运营工作，运营者需要洞察用户不断变化的需求，搭建起用户与产品之间的桥梁。

6.1　围绕互联网产品开展产品运营工作

产品运营是指以互联网产品为核心，从内容建设、用户维护、活动策划三个层面来连接用户与产品，帮助企业达成用户增长、营收增长等运营目标的运营手段。

6.1.1　互联网产品的类型和特点

互联网产品的概念是从传统意义上的产品延伸而来的，它是满足互联网用户需求和欲望的无形载体。互联网产品既包括计算机网站、计算机客户端、手机应用、游戏等在内的企业独立开发的网站/软件类产品，也包括微信小程序、网易云课堂上的课程等更加细化的产品。

不同的互联网产品可以满足用户的不同需求，按用户需求的不同，互联网产品大致可以分为以下 4 类。

1. 内容类产品

内容类产品是用于满足用户内容需求的产品，常见的有小红书、抖音等，如图 6-1 所示，用户通过内容类产品可以了解资讯、学习知识、消遣娱乐。

| 小红书 | 抖音 |

图 6-1 内容类产品

不同的内容类产品，会有不同的内容生成主体、内容形式及内容分发方式。

（1）内容生成主体。

按照内容生成主体的不同，内容类产品又可以划分为职业生成内容（Occupationally-generated Content，OGC）、专业生成内容（Professionally-generated Content，PGC）与用户生成内容（User-generated Content，UGC）三种。这三种不同的内容生成主体，其生成内容的专业度依次降低，但用户的参与程度依次提高。

（2）内容形式。

内容有图文、音频、视频等不同的形式，内容类产品一般包含一种或多种形式的内容，如喜马拉雅以音频形式的内容为主，而抖音以短视频形式的内容为主。

（3）内容分发方式。

内容被发布后，内容平台需要进行内容分发，把内容推荐给用户。运营者需要考虑该把什么样的内容通过什么形式分发给哪些用户。例如，微博的热搜榜采用的是热点分发的方式。

2．社交类产品

社交类产品是用于满足用户间信息交流及互相连接的产品，常见的有微信、脉脉、豆瓣等，如图6-2所示。

| 微信 | 脉脉 | 豆瓣 |

图6-2　社交类产品

社交类产品的用户黏性相对较高，但产品设计也较为复杂，按照不同的维度，运营者还可以将社交类产品继续细分。

（1）按社交需求分类，可将其分为职场类社交产品、兴趣类社交产品等。

（2）按社交关系起点分类，可将其分为熟人社交类产品、陌生人社交类产品、同城社交类产品等。

（3）按社交媒介分类，可将其分为图文社交类产品、视频社交类产品、直播社交类产品等。

3. 工具类产品

工具类产品主要用于满足用户在某个特定场景下的特定需求，常见的有滴答清单、QQ音乐、携程旅行等，如图6-3所示。

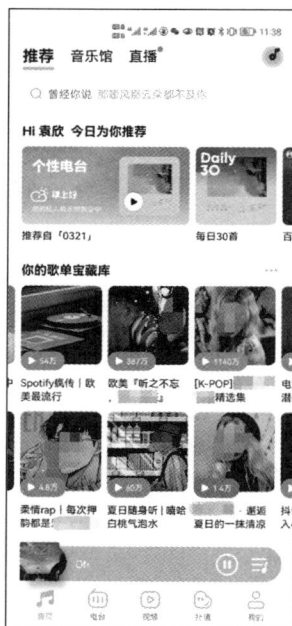

滴答清单　　　　　　　QQ音乐　　　　　　　携程旅行

图6-3　工具类产品

工具类产品的使用频率一般不会太高，用户一般只在有特定需求的情况下才会打开此类产品，所以工具类产品的设计逻辑也相对简单。在产品优化方面，运营者应该侧重于更好地满足用户的需求，优化用户体验。

同类型工具类产品的竞争比较激烈，因为用户在同一个需求下通常只会选择和使用一款产品，所以每种需求下可能只有少量甚至唯一的头部产品，运营者需要通过渠道推广、补贴用户等方式快速扩大产品的市场份额。

4. 电商类产品

电商类产品主要用于满足用户的各类线上购买需求，常见的有淘宝、闲鱼、美团等，如图 6-4 所示。

图 6-4 电商类产品

电商类产品可以按照产品的来源及主营产品的类型继续细分。

（1）按照产品的来源，可将其分为自营类电商产品与平台类电商产品。

（2）按照主营产品的类型继续细分，有以二手车买卖为主的瓜子二手车、以大牌特卖为主的唯品会等。

▶▶▶ 6.1.2　产品运营的主要工作

产品运营工作的核心是连接用户和产品。一方面，运营者需要根据用户不断变化的需求完成产品的迭代和完善；另一方面，运营者需要通过各种运营手段，让产品实现更高的商业价值。

产品运营的主要工作，就是围绕不断提升产品的用户价值及商业价值这两件事开展的。在这一过程中，运营者需要协同团队其他成员，完成以下 6

项工作。

1. 挖掘用户需求

产品服务于用户，运营者首先需要挖掘目标用户需求，才能据此设计出能够为用户提供价值的产品。运营者可以通过问卷调查、数据分析及同类产品分析等方式挖掘用户需求。

（1）问卷调查。

问卷调查可以帮助运营者直接了解用户的详细想法，运营者可以梳理出所有能触达用户的渠道，从中找到合适的渠道并向用户发送调查问卷。

（2）数据分析。

一些企业在产品开发和上市之前已经通过其他平台积累了一批用户。例如，听书类 App "十点读书"上市前，该团队就已经运营了同名的微信公众号，积累了大量的粉丝，运营者可以通过对微信公众号粉丝数据进行分析，找到用户需求。

（3）同类产品分析。

运营者可以找一些同类型的产品，或者将某些产品中的某一个功能作为参考对象，再邀请少量的目标用户体验产品并提交反馈意见。同时，运营者也可以在各大新媒体平台收集用户对参考的同类产品的评价，从中挖掘用户需求。

2. 产品开发、测试与升级

在充分掌握用户需求之后,运营者需要将用户需求情况反馈给产品经理，并协助产品经理开发相应的产品。在产品开发完成之后，运营者还需要组织用户参与产品的使用测试，根据测试结果对产品进行调试，保证用户能够顺畅地使用产品。

此后，在产品运营的过程中，运营者也需要不断重复进行用户需求收集，再根据用户需求协助产品经理升级产品。

3. 渠道推广

运营者需要筛选合适的拉新渠道进行产品推广，让产品获得更多的新用户。在产品上市初期，企业可能会花费大量的成本进行推广，运营者要注意对推广渠道的筛选，理想的推广渠道应该具有用户精准度高、体量大及推广成本低等特点。

4．用户运营

产品围绕用户的需求创建，并且为用户所使用、所评价，所以企业开展产品运营的目标一般也与用户有关，如提升产品的用户活跃度、提升产品的用户购买转化率等。运营者在产品运营工作中需要与用户运营团队密切配合，通过优化用户体验、根据用户需求升级产品等方式提升产品运营的效果。

5．内容运营

内容是连接用户与产品的桥梁，运营者需要通过各种不同类型的内容在产品运营的各个阶段与用户进行交流。运营者需要与内容运营团队配合，帮助用户更高效地认识及使用产品。

6．活动运营

在产品运营的各个关键环节，运营者都可以通过活动来推动运营工作的进程，获得更好的运营效果。运营者需要根据实际情况判断何时需要举办产品运营活动，并与活动运营团队成员配合完成产品运营活动的策划与落地。

思考与练习

思考一下：互联网产品还可以有哪些分类方式？

6.2 不同产品的运营策略

互联网产品涵盖的范围很广。例如，由企业独立开发且提供某项独立功能的独立产品、由平台方开发后邀请企业或个人入驻的平台产品，以及入驻平台并提供商品、课程、咨询等内容的入驻产品，都属于互联网产品的范畴，如表 6-1 所示。其中，独立产品与平台产品的运营思路比较接近，而入驻产品的运营思路则与前两者有较大区别。

表 6-1　不同类型的互联网产品

产品类型	产品特点	代表产品
独立产品	由企业独立开发且提供某项独立功能	QQ 音乐、石墨文档等
平台产品	由平台方开发后邀请企业或个人入驻	淘宝、千聊、喜马拉雅等
入驻产品	入驻平台并提供商品、课程、咨询等内容	淘宝商品、千聊课程等

虽然独立产品和平台产品的运营思路比较接近，但平台产品的运营策略更为缜密，独立产品可参照平台产品的策略进行运营，下面将主要介绍平台产品及入驻产品的运营策略。

▶▶▶ 6.2.1　平台产品的运营策略

平台产品本身不生产和销售产品，而是为产品提供者（入驻者）和产品购买者（用户）搭建一个平台生态系统，如淘宝、京东、喜马拉雅、网易云课堂等都属于平台产品。

1．规则引导

平台产品要同时为买家和卖家提供服务、提供保障。所以，运营平台产品的第一个重点就是要制定严谨且详细的平台规则，对用户的行为进行规范，保障平台生态环境的稳定。

例如，淘宝的规则就非常清晰明了。一方面，对买家在使用淘宝时可能遇到的问题都进行了详细的说明，如图 6-5 所示；另一方面，也对商家入驻淘宝所需经历的开店、产品上架、店铺管理等流程进行了详细的规定，如图 6-6 所示。

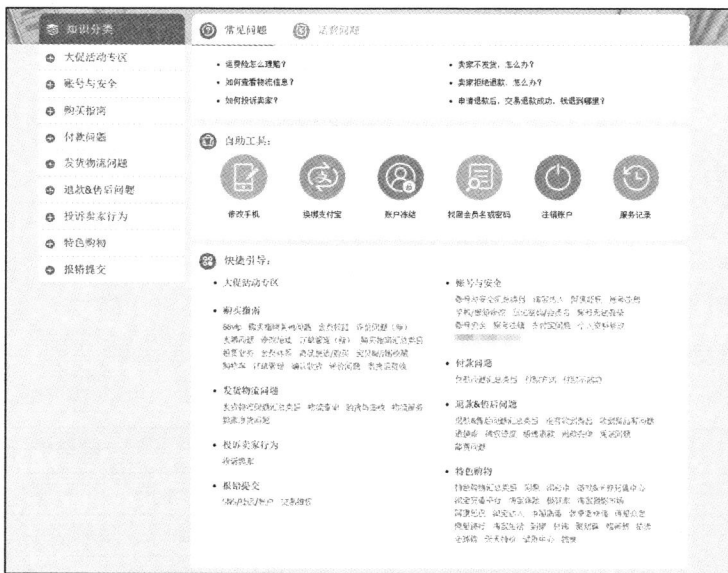

图 6-5　淘宝服务中心买家版

图 6-6　淘宝服务中心商家版

运营者在制定平台产品规则时要注意以下两个要点。

第一，规则应该尽量详细。由于平台产品的用户数量普遍比较庞大，用户在使用平台产品的过程中可能会遇到各种不同类型的问题及纠纷，平台用户必须依靠详细的规则才能快速找到处理问题的依据。

第二，平台规则应该尽量保持中立，要同时保障买家和商家双方的权益。

2. 渠道推广

平台产品对流量的需求相对较大。这是因为平台需要有足够多的用户才能吸引更多企业和广告商入驻，而优质企业的入驻也能继续为平台吸引更多用户，这样平台才能进入稳定发展的良性循环。

例如，土巴兔是一个装饰类服务平台，汇聚了全国众多装饰公司和室内设计师。平台需要为这些装饰公司及设计师提供足够的客源，因此土巴兔进行了大量的渠道推广。在百度、抖音、今日头条搜索关键词"装饰"都可以看到土巴兔的广告信息，如图 6-7 所示。

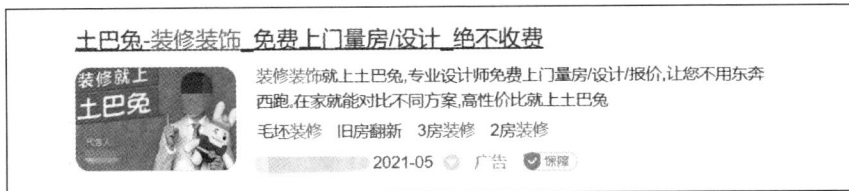

图 6-7（a）　土巴兔在多平台进行推广

图 6-7（b） 土巴兔在多平台进行推广

3. 活动统筹

组织所有的商家联合举办活动，有助于平台产品形成强大的势能和影响力，如淘宝的"双 11"活动、京东的"6·18"活动等，都有着广泛的知名度，每年都吸引了众多用户参与活动。

平台举办活动，一方面，平台方可以要求商家压低价格，并设置商家报名的门槛，淘汰部分服务或口碑不好的商家，保证用户良好的购物体验；另一方面，活动吸引来大量的用户，为商家带来了可观的流量和收益。

平台可以自行"造节"，如淘宝每年的"双 11"大型促销活动，也可以借助传统节日等热点经常举办一些小型的活动，如每年的中秋节、国庆节等节日来临之际，淘宝和京东都会推出节日相关主题活动。

▶▶▶ 6.2.2 入驻产品的运营策略

入驻产品是指直接上传到平台进行推广及销售的产品。例如，在淘宝上销售的衣服、食品、家电等实物类产品，上传到千聊的课程等内容类产品，都属于入驻产品的范畴。运营者在运营入驻产品时有以下 4 个运营重点。

1. 排名优化

在平台中排名靠前的产品可以获得大量的曝光机会，所以入驻产品需要将在平台中的排名优化作为运营的重点。运营者可以通过以下 3 个步骤进行产品排名优化。

第一步，找到产品展示入口。运营者需要先了解平台是通过哪些入口向用户展示产品的，再分析如何逐一优化产品在每个入口的排名情况。常见的产品展示入口有首页推荐页面、分类推荐页面、搜索展示页面等，如图 6-8 所示。

| 首页推荐页面 | 分类推荐页面 | 搜索展示页面 |

图 6-8 常见的产品展示入口

第二步，分析每个入口下产品的排名规则。平台一般会将产品的上架时间、产品销量、产品点击率、产品购买率、产品好评率等因素作为产品排名的依据。

第三步，根据排名规则对产品进行优化。在了解了平台是依据哪些因素对产品进行排名后，运营者就需要根据排名规则对产品进行优化。例如，运营者了解到产品点击率对排名有影响时，就要进一步分析产品点击率与哪些因素有关，对产品的标题、封面及价格等影响产品点击率的因素进行优化。

2. 口碑传播

多数平台会开通用户评价功能，用户在购买产品后可以对产品进行评价，评价的内容会成为平台其他用户购买产品时的参考依据，如图 6-9 所示。好的口碑才能提升产品的转化率，所以运营者要重视产品质量，优化产品口碑。

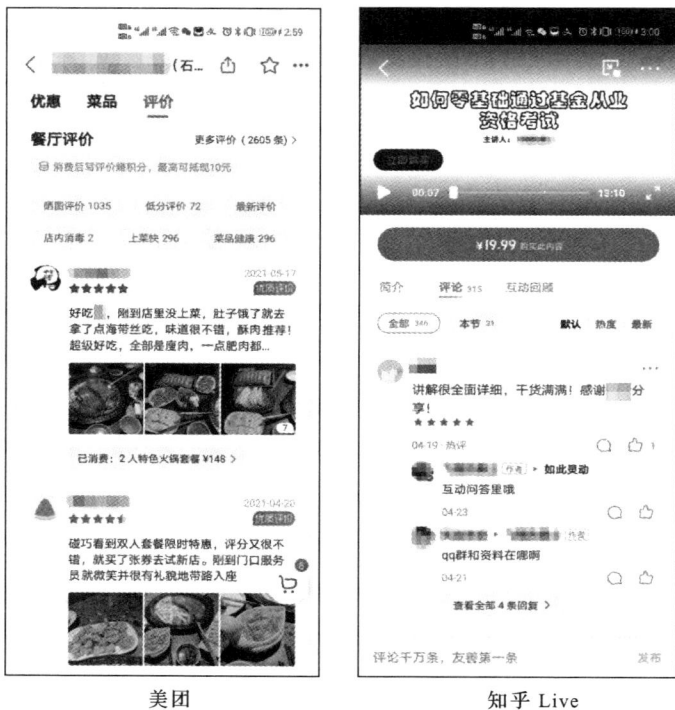

美团　　　　　　　　　知乎 Live

图 6-9　平台的产品评价内容

运营者可以查看平台其他同类产品的用户评价，分析用户需求及痛点，并以此作为参考依据对产品进行优化，提升产品的口碑。

3. 关注平台活动

平台活动可能会为入驻产品带来重要的曝光机会，所以运营者应该时常关注平台活动，在有合适的活动推出时积极报名参与。平台活动一般会设置一定的报名条件，例如，平台可能会对商家的历史违规情况、产品销量、产品好评率等条件有一定的要求，运营者应该重视平时的活动运营工作，提前对可能产生负面影响的因素进行处理和优化。

4．站外"引流"

运营者也可以通过产品入驻平台以外的其他新媒体平台进行产品宣传与推广，再引导用户购买。这是因为在一些新媒体平台，运营者可以通过内容运营使产品获得更广泛的曝光，以更低的成本获取到更多的流量。例如，一些企业会在微博平台进行产品宣传，再引导用户到其淘宝店铺购买产品。

思考与练习

思考一下：运营者在为入驻产品选择入驻平台时需要考虑哪些因素？

6.3　不同阶段互联网产品的运营策略

一个产品的完整生命周期一般包括 4 个阶段，分别是启动阶段、发展阶段、成熟阶段及衰退阶段。产品处在不同阶段时，运营者需要采取不同的运营策略来实现不同的产品运营目标。

▶▶▶ 6.3.1　启动阶段产品的运营策略

互联网产品的启动阶段是指产品完成最初版本的开放并上线的过程。在启动阶段，运营者还不能进行大规模的产品推广，需要先在小范围内推广并测试用户反馈，继续进行产品优化，并建立良好的产品口碑。

1．小范围推广产品

启动阶段的产品还没经过市场的验证，可能还需要继续优化，所以在这一阶段，运营者可以先进行小范围的产品推广。例如，阿里云盘在产品上市初期并没有进行大量的推广，仅向部分预约用户开放了产品公测通道，如图6-10所示。这样可以避免尚未完全成熟的产品影响口碑。

2．收集用户反馈，打磨产品

运营者需要向使用产品的用户收集反馈意见，并将意见反馈至开发者，作为产品优化的重要依据。常见的反馈意见收集方法如表6-2所示。

图 6-10　阿里云盘公测邀请

表 6-2　常见的反馈意见收集方法

类别	方法	
系统分析	设置用户跟踪代码，后台自动分析	
被动收集	设计用户反馈页面，公布客服邮箱等	
主动收集	向用户发起问卷调查，发起用户访谈等	

3．建立良好的口碑

第一批试用产品的用户可能会将对产品的评价发布在各大新媒体平台，这些评价可能会对产品在下一阶段的推广产生影响。所以，从产品启动阶段开始，运营者就需要重视良好的产品口碑的建立和管理。运营者可以通过以下 3 个方法对产品的口碑进行优化。

（1）用户筛选。

需要筛选试用产品的用户范围，避免大量不精准的用户参与产品试用，导致产品不能符合这些用户的预期，从而产生不必要的"差评"。

（2）用户问候。

在产品的第一批使用用户数量不多的情况下，运营者可以安排客服人员主动问候用户，询问用户的使用感受。一方面，可以收集到用户反馈；另一方面，也可以及时帮用户解决问题，并通过良好的客服服务优化用户的产品使用体验。

（3）舆情监控。

运营者可以主动在主流新媒体平台搜索产品关键字并查看用户评论，还可以尝试联系发布了负面评论的用户，通过积极帮助其解决问题的方式尝试让用户删除或修改负面评论。对于用户普遍反映的问题，运营者也要重视，及时反馈给产品开发者。

▶▶▶ 6.3.2　发展阶段产品的运营策略

在初步完成市场测试并做好产品优化后，就可以进入产品发展阶段，开始大力进行产品推广。在这一阶段，运营者的主要运营目标是用户拉新，需要关注用户的增长速度及新增用户质量，并做好突发事件应对准备。

1. 进行多渠道推广

在发展阶段，运营者需要对产品进行多渠道推广，找到合适的推广渠道并进行大力的广告投放。运营者可以通过付费广告投放、内容营销、事件营销等手段进行产品推广。

在寻找合适的推广渠道时，运营者可以先进行少量的广告投放，测试推广效果，如果推广效果比较理想，再进行大量的广告投放。

2. 重点关注用户流失情况

在推广带来用户增长后，运营者不应该盲目对用户增长速度过于乐观，还应该关注用户的流失情况。用户大量流失可能由以下 3 个原因导致。

（1）用户不精准。

如果用户不精准，产品可能就无法满足用户的需求，用户可能就会在短暂体验产品后迅速流失。

（2）推广方式不合适。

运营者如果在推广产品时主要通过以发放福利的方式让用户体验产品，但用户对产品并无兴趣和需求，就会导致用户在领取福利后迅速流失。

（3）产品需要优化。

产品如果本身存在一些问题，导致用户的体验感不好，也会导致用户流失。针对这种情况，运营者需要分析用户对产品的使用感受，找到流失的关键环节，并通过用户访谈等方式找到产品的问题，及时优化。

3. 做好突发事件应对准备

在产品大力推广的过程中，用户数量急剧增长，可能会导致一些突发事件的发生。例如，用户数量过多引起服务器宕机、用户基数增加导致产品缺陷暴露等问题。运营者需要提前做好突发事件应对准备，避免因突发事件对产品口碑造成不良影响。

运营者首先需要做好舆情监控，以便在出现不良舆论时能及时处理；同时要考虑可能出现的突发情况有哪些，准备好应对的方案以及必要时对用户的补偿措施。

▶▶▶ 6.3.3 成熟阶段产品的运营策略

进入成熟阶段的产品已经拥有了相当数量的用户，且用户增长速度已经趋于平缓，并且产品可能已经占领了一定的市场份额。这一阶段产品运营重点不再是用户拉新，运营者应将运营重点放在用户促活及转化上，并及时洞察用户需求的变化，避免被竞争对手超越，延缓产品衰退期的到来。

1. 用户促活与转化

在成熟阶段，运营者要重点进行用户促活与转化。用户促活与转化的具体方案，可以参考本书第 3 章 3.4 节和 3.6 节中的内容，在此不赘述。

2. 延缓产品衰退期的到来

产品从成熟期走向衰退期，可能是由于产品无法继续满足用户的需求，或者是有强劲的竞争对手出现。运营者想要延缓产品衰退期的到来，要敏锐地洞察用户的需求变化，应该时常关注用户增长情况、活跃情况、转化情况等多项用户相关数据，当数据发生大幅波动时要及时找到原因，必要时配合开发者对产品进行优化。

同时，运营者也要顺应行业领域的变化对产品做出调整。例如，随着 5G 时代的到来，视频内容获得了更多用户的青睐，过去以图文内容为主的问答平台知乎也开始在平台推广视频内容，顺应随着行业的发展而产生的新的用户需求。

▶▶▶ 6.3.4 衰退阶段产品的运营策略

产品进入衰退期有几个明显标志，包括产品的新用户增长非常缓慢甚至趋于停滞、用户活跃度逐渐减低、大量用户流失、产品变现乏力等。在产品进入衰退阶段后，运营者应该考虑尝试产品转型，满足用户新出现的需求，但如果产品转型已经无法起到理想的效果，运营者可以开发一款新的产品，将用户"导流"至新产品，以挽回企业的损失。

1．产品转型

因为产品转型可能会导致企业产生大量的成本，所以运营者需要评估产品是否有机会通过产品转型重新获得发展。

运营者需要罗列出导致产品进入衰退期的原因并逐一进行分析，考虑能否通过运营手段解决这些问题。如果分析后认为产品进入衰退期是一些无法改变的因素导致的，运营者应该及时采取用户"导流"等方式挽回企业损失；但如果分析后认为导致产品进入衰退期的因素可以解决，运营者就需要计算产品转型的成本，制定产品转型实施方案，由运营团队共同评估产品转型的可操作性。

2．用户"导流"

如果产品转型受阻，运营者可以尝试开发新产品，将旧产品中的用户"导流"到新产品上。运营者可以通过以下5种方式进行用户"导流"。

（1）发消息。

运营者可以通过客服告知、发站内信、发邮件等方式直接邀请用户体验新产品。

（2）做活动。

运营者可以针对新产品举办活动，并通过旧产品邀请用户参与活动。

（3）发福利。

运营者可以在新产品中向用户发放福利，并通过旧产品告知用户领取福利。

（4）做内容。

运营者可以在旧产品中向用户介绍新产品的功能、产品设计理念等内容，引导用户关注和使用新产品。

（5）做裂变。

对于一些社交类型的产品，运营者可以鼓励用户邀请自己的好友一起下载体验新产品。

思考与练习

产品进入衰退期后，运营者是否应该通过大力推广的方式为产品拉新？

课后习题

1．按照用户的需求分类，可以将互联网产品分为哪几类？
2．平台产品的运营重点是哪几项？
3．请简述启动阶段产品的运营策略。
4．在产品的发展阶段，导致用户大量流失的原因有哪些？
5．请简述企业应该如何延缓产品衰退期的到来。

第 7 章
社群运营

社群运营，是指运营者将社群的目标用户聚集在同一个社群中，并通过在群内持续向用户提供价值、维护社群秩序、举办社群活动等运营手段，使群成员之间产生持续的相互交往，最终帮助企业实现品牌宣传、用户维护、用户裂变、产品销售等运营目标。

7.1 社群的基本概念

社群运营工作包含多个环节，运营者需要从了解社群的定义及特点开始，明确社群运营的目的，再根据目的找准社群的定位，创建一个使用户满意的社群，继而才能更好地开展社群管理、社群促活、社群转化等一系列的社群运营工作。

▶▶▶ 7.1.1 社群的定义

社群，是一群人由于共同的目标或需求聚集在一起而形成的组织，用户在社群内可以进行信息的交流和情感的连接。优质的社群能够帮助企业通过社群运营获取收益，优质的社群应该同时具备以下 4 个条件。

1. 同好/同属性/同目标

用户要在社群内进行信息的交流，必须对同一类信息感兴趣。所以，同个社群中的用户必须至少满足同好、同属性、同目标这 3 个条件中的 1 个。

同好，是指用户有相同的爱好，如跑步爱好者交流群、烹饪爱好者交流群等；同属性，是指用户有相同的身份属性，如新手"宝妈"交流群、小区社区团购群等；同目标，是指用户有相同的目标，如考研备考群、早起打卡群等。

用户之间的共同话题越多，运营者就越容易提升社群的活跃度及转化率。

2. 有明确的群规

社群需要有良好的秩序作为用户顺畅交流的保障，所以社群要必须有明确的群规，对用户的行为做出明确的规范，才能保证社群有序运转。

3. 实施运营及管理手段

用户进入社群，是为了在群内获取价值，实现社交、学习、获取信息等目的，这需要运营者在群内实施运营及管理手段才能实现。如果运营者在创建社群后并不进行运营和管理，用户将很难在社群内获得价值，这会导致用户陆续退群、群内广告泛滥、用户活跃度降低等问题出现，企业也将无法通过社群获得收益。

4. 具备可复制性

在社群运营取得良好效果后，企业可能需要扩大社群的规模，复制出多个同类型的社群，以实现更大的收益，所以社群应该具备可复制性。运营者判断一个社群是否具备可复制性，可以先罗列出帮助社群运营工作取得成效的各种因素，再分析这些因素是否都可复制。

例如，某皮鞋品牌通过社群运营实现了不错的销售业绩，但运营者通过分析后发现，社群运营效果良好主要是由于企业对群内购买产品的用户进行了大额补贴，在群内频繁推出大力度的优惠活动，吸引了大量社群用户在活动期间购买产品，如果社群规模扩大，会大幅增加企业的成本，这样的社群便不具备可复制性。运营者需要先调整运营方案，尝试在降低补贴成本的情况下提升社群运营的效果，该社群才有机会成为能够帮助企业获取收益的优质社群。

▶▶▶ 7.1.2 社群运营的目的

运营者需要通过不同的社群运营手段帮助企业实现不同的社群运营目标，所以运营者在开始组建、运营一个社群之前，必须明确社群运营的目的，才能有针对性地设计社群运营方案。企业运营社群通常是为了达成以下 4 个目的。

1. 品牌宣传及产品销售

社群是企业与用户交流的重要通道之一，企业可以在社群中长期、高频地向用户传递信息，从而达到品牌宣传和产品销售的目的。在信息传递的过程中，企业无须支付大量的广告成本，可以通过社群活动等方式刺激用户购买产品，提高产品的销售转化率。

例如，瑞幸咖啡会引导用户加入门店微信群，运营者会在群内不定期举办一些促销活动，并经常向用户发放咖啡优惠券等福利，刺激用户购买产品，如图 7-1 所示。

图 7-1 瑞幸咖啡引导用户加入门店微信群

2．裂变"引流"

企业在积累一定数量的种子用户后，还可以通过社群裂变新用户，实现用户"拉新"的目标。运营者首先需要建立一个高价值的社群，根据目标用户的需求，为群内用户提供课程、红包、奖品等有吸引力的内容，再引导种子用户扩散社群信息，吸引新用户进群，从而实现用户的裂变与增长。

例如，教育行业的企业通常会以体验类课程为"引流"产品，为社群用户提供高质量的体验课分享，并引导用户邀请其好友进群听课，如图7-2所示。

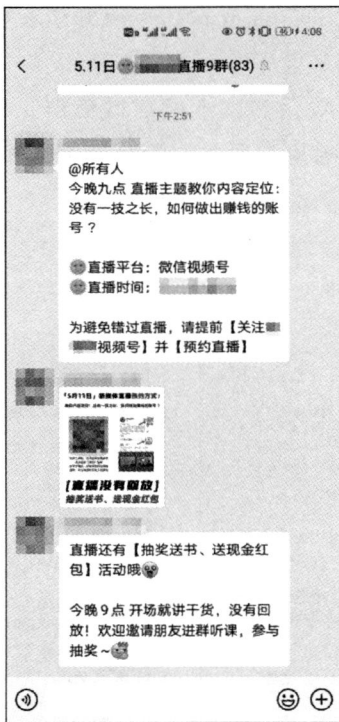

图 7-2　引导用户邀请好友进群听课

3．用户维护

在社群中，企业不但可以向用户传递信息，还可以实现与用户的双向沟通，加强和用户之间的情感连接。同时，企业还可以通过在群内举办福利活动、打卡活动等方式，实现用户促活、提升用户黏性等运营目标。

例如，微博平台上的内容创作者在达到一定的粉丝量级后便可以开通粉丝群，内容创作者可以邀请粉丝进群并在群内与粉丝互动，在群内推送内容，增强粉丝的黏性，如图7-3所示。

4. 提供服务

某些产品本身就包含了社群服务，企业需要在群内完成产品交付。这类社群运营的重点是要保证兑现之前向用户承诺的社群价值，同时以引导用户复购及传播口碑为社群运营目标。

例如，秋叶商学院推出的服务类产品

图7-3　微博粉丝群

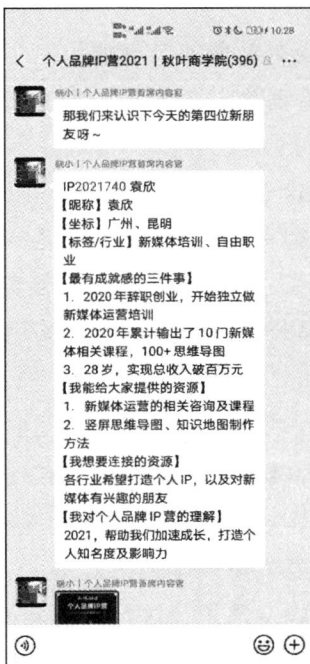

"个人品牌IP营"，主要围绕"如何打造个人品牌"这一主题为用户提供相关的课程、咨询、资源链接等服务，这些服务内容主要是通过社群完成的。用户可以在微信群中进行深度交流，也可以在知识星球社群中获取更多有价值的信息，如图7-4所示。

通过微信群进行深度交流　　　通过知识星球社群进行学习

图7-4　秋叶商学院通过社群为用户提供服务

▶▶▶ 7.1.3　找准社群定位

社群定位是社群运营工作中的一个重要环节，能帮助运营者勾勒出社群的基本轮廓，明确要建立一个什么样的社群。运营者需要根据社群运营目标来确定社群的定位，运营目标不同可能会导致社群定位不同。社群定位一般包含社群用户定位及社群主题定位。

1. 社群用户定位

为了让群内用户能够"同频"交流，也为了使运营手段更有针对性，运营者要对社群用户做精准用户定位。社群用户定位工作可以分为两个步骤。

第一步，设置进群门槛，运营者应该根据社群运营目标考虑要筛选哪些用户进群，为社群设立一个明确的进群门槛，运营者可以从以下 3 个维度设置进群门槛。

- 付费门槛：用户在支付一定的费用后才可以进群。
- 身份门槛：用户需满足一定的身份条件才可以进群，如品牌的老用户、某小区的住户、从事某一职业的用户等。
- 兴趣门槛：用户对某类人、事、物有兴趣即可进群。

第二步，为社群用户绘制详细的用户画像，作为制定社群运营策略的依据。

例如，某服装企业决定利用微信平台建立老客户福利群，在群内向用户发放红包、优惠券等福利，刺激和引导老客户复购产品。该企业的运营者将该社群的进群门槛设定为近半年内至少购买过 2 次产品且消费金额达到 1000元的用户才可以被邀请进群。运营者为这部分用户绘制了详细的用户画像后，根据用户画像制定社群运营的相关策略。

2. 社群主题定位

社群主题决定了在一个社群里可以交流和讨论的话题范畴。社群必须有且仅有一个明确的中心主题，否则可能会导致社群中的信息过于杂乱，降低社群的价值。运营者在确定社群主题时需要注意以下两点。

第一，社群主题应符合目标用户的兴趣及需求，才能吸引用户进群，并保证社群具有较高的活跃度与转化率。

第二，社群主题应该服务于社群运营目标且不能完全脱离品牌与产品，只有这样，才可能帮助企业实现社群运营目标。例如，一个母婴类产品的企业，可以以"育儿"为主题建立社群，但如果以"健身"为主题建立社群，虽然也符合目标用户的兴趣与需求，但与企业的产品关联度过低，运营者将较难通过社群达到产品销售等目的。

社群的主题可以在群名中体现，方便用户了解并判断社群是否符合自己的兴趣及需求。例如，某相机品牌建立了一个"摄影大师作品分享群"，社群的运营者和用户会在群内分享一些知名摄影大师的摄影作品，该群的群名即社群的主题。

思考与练习

思考一下：大学里的老乡群算社群吗？为什么？

7.2 社群的管理

社群中汇聚了大量用户，并且会有大量的信息生成，运营者想要保证社群的质量，就需要对社群进行严格的管理，引导用户按照既定的群规在群内进行交流及连接，保持良好的社群秩序。

运营者首先需要对社群管理工作进行梳理，将社群管理工作分配给不同的社群管理人员，并制定好群规，对群内用户的行为进行约束及引导。

▶▶▶ 7.2.1 社群管理中的角色分工

社群管理会涉及大量的工作，这些工作通常需要由不同的角色来完成，这样更能确定社群管理的效果。

1. 社群管理工作

根据社群的类型不同，每个社群的管理工作可能也会有所区别。常见的社群管理工作有用户进群管理、社群纪律管理、福利发放、内容输出、作业收集/批改及气氛活跃等，如表7-1所示，运营者需要根据社群的具体情况梳理出社群管理中需要完成的工作。

表 7-1 常见的社群管理工作

管理工作	具体事项
用户进群管理	对进群用户进行筛选及验证，保证进群用户符合进群门槛要求
社群纪律管理	依照群规对用户的言行进行管理
福利发放	在社群日常管理及社群活动时向用户发放福利
内容输出	定期在群内输出有价值的信息
作业收集/批改	收集用户的作业并进行批改
气氛活跃	在群内积极互动，活跃群内的气氛

2．社群管理角色

运营者可以根据社群管理工作的具体内容设置社群管理角色，常见的社群管理角色一般有客服、助理、KOL、群主等。社群管理角色一般由运营团队的工作人员担任,但运营者也可以邀请社群中的普通用户参与社群管理工作，对协助管理社群的用户可以给予适当的奖励。

不同的社群管理角色需要承担的工作内容不同。一般来说，客服和助理主要承担用户进群管理、社群纪律管理、福利发放、作业收集/批改、气氛活跃等工作；KOL 主要负责社群中内容输出的工作；而群主这一角色比较特殊，客服、KOL、创始人等都可以担任群主，群主可以参与社群管理工作，也可以不参与，但群主作为社群的创建人，在社群中应该树立一定的权威性，以便于更好地管理社群。除以上角色外，运营者也可以根据具体情况设立其他的社群管理角色。

群内各管理角色的昵称及头像最好有较强的辨识度，方便用户找到对应的社群管理人员处理相应的问题。

▶▶▶ 7.2.2 群规的建立及施行

群规对社群用户在群内的行为起规范及指导作用，运营者应该通过群规让用户了解社群分别禁止及鼓励哪些行为。群规也是运营者在管理社群时必须参照的基本原则，社群管理工作应该在群规的要求下开展。

1．群规的内容

运营者需要在建立社群前就根据社群的具体情况制定好群规，群规中可以包含邀请进群规则、入群规则、言行规则、奖励规则这 4 个方面的内容。

（1）邀请进群规则。

- 用户入群的条件。
- 老用户邀请新用户进群的操作方法。
- 老用户邀请新用户进群可获得的奖励。
- 新用户出现违规情况时，对邀请人的惩罚措施。
- 其他。

（2）入群规则。

- 用户进群后需要在群内进行自我介绍。
- 用户进群后需按规则修改群昵称。
- 其他。

（3）言行规则。

- 禁止在群内发布与社群主题无关的内容。
- 群内应友好沟通，禁止争吵谩骂、人身攻击。
- 禁止发布危害国家及个人利益的言论。
- 禁止将社群的聊天记录私自外传。
- 其他。

（4）奖励规则。

- 用户在群内的哪些行为可获得奖励。
- 奖励兑换的时间及方式。
- 其他。

2. 群规的实施

运营者在设置并公布群规后，应该严格按照群规管理社群，在群规的实施过程中，有以下 4 个注意事项。

（1）及时处理违规行为。

在用户出现违规行为时，运营者要及时进行处理，避免违规行为持续对社群造成恶劣的影响，同时也避免群内其他用户质疑群规的权威性，增加后续社群管理的难度。运营者可以考虑安排多人"轮班"管理社群，便于违规行为发生时及时处理。

（2）处罚/奖励结果要在群内宣告。

对用户进行了处罚及奖励后，运营者应该在群内告知其他用户处罚和奖励的结果及原因，强化用户对群规的认知。如果处罚及奖励比较频繁，可在同一时间统一在群内宣告，避免对用户造成打扰。

（3）明确告知群规。

运营者应该在用户进群前或进群初期，以较为明显的方式告知用户群规，以便用户能及时了解群规，遵守群规。如果群规内容较多，可以将重点内容单独进行标记并向用户特别强调。

（4）不可随意修改群规。

群规必须具有相当的权威性，用户才能遵守群规，所以运营者在社群运营过程中不可随意修改群规。如遇特殊情况对群规进行了调整，运营者应及时告知群内用户。

思考与练习

思考一下：群规是否越详细越好？为什么？

7.3 提升社群活跃度

社群活跃度是衡量社群质量的重要依据之一，很多运营者会把提升社群活跃度作为重要的社群运营工作之一。运营者可以通过为社群用户提供价值、设计合理的社群架构及通过社群运营标准作业程序（Standard Operating Procedure，SOP）维护社群这3种方式来提升社群的活跃度。

7.3.1 为社群用户提供价值

用户在社群中持续获得价值才能维持其在社群内的活跃度。运营者需要根据用户画像明确用户进群的目的，并在社群运营的过程中不断提供相应的价值。社群价值一般可以被分为以下4类。

1. 满足社交需求

社群中聚集了有相同的爱好、属性及目标的用户，用户可以在社群中交流交友、拓展人际关系、对接资源，满足社交需求。运营者想提升社群的社交价值，一方面需要设立进群门槛，严格筛选符合要求的用户进群；另一方面，也需要在社群运营的过程中不断促进用户之间的连接。运营者可以尝试以下 4 种或更多方式提升社群的社交价值。

- 请进群用户进行自我介绍，并收集自我介绍内容组建社群通讯录。
- 在群内组织活动和话题互动，促进用户进行交流。
- 组织线下聚会，帮助用户实现更有深度的连接。
- 社群在运营一段时间后，可以适当增加新用户，为社群注入新鲜"血液"。

2．满足学习需求

社群可以为用户提供学习的平台，满足用户的学习需求。一些以学习为主题的社群会通过社群授课，让用户进行系统化的学习。运营者还可以组织用户在群内进行碎片化的分享。同时，用户也可以在社群内交换学习资料、交流学习心得，提升学习效果。

3．获取信息和资讯

社群是信息传递的平台，用户可以在社群内获取信息和资讯，信息和资讯所包含的范围比较广，如产品优惠信息、行业动态、新闻报道、便民信息等都属于信息和资讯。

运营者在群内发布信息和资讯时要注意信息的遴选，提供相对高价值且符合用户需求的信息，避免让大量无价值或低价值的信息在群内"刷屏"。另外，运营者也可以就信息的形式进行优化。例如，"早报"类型的内容可以用图片的形式在群内直接发布；本地便民信息则可以长图文的形式先发布在微信公众号中，再将微信公众号中的文章链接转发到群里。

4．获取即时奖励

即时奖励是指用户马上可以获得的奖励，如现金红包、学习资料、大额优惠券等。即时奖励对用户有较强的吸引力，通常可以用于吸引用户进群，以及鼓励用户完成运营者预设的动作等情况。在社群"促活"工作中，运营者也可以通过即时奖励吸引用户多关注群内的动态，提升社群活跃度。

运营者定期在群内发放即时奖励时需要注意，应该根据绘制用户画像的结果设置奖励内容，保证奖励对用户有吸引力。并且即时奖励只能作为活跃社群的辅助手段而非主要手段，如果用户在群内无法获得其他价值，仅仅通过即时奖励很难稳定地保持社群的高活跃度。

▶▶▶ 7.3.2　设计合理的社群架构

将社群中的用户按照活跃情况进行划分，大致可以分为分享型用户、活跃型用户及沉默型用户三类，一个社群的活跃情况和社群中这三类用户的占比情况存在关联。运营者在设计社群的人员架构时，需要对这三类用户的占比进行规划。

1. 分享型用户

分享型用户会和运营者共同完成社群内高价值内容的输出工作，提升社群的吸引力。一方面分享型用户可以帮助运营者分担一部分的输出工作，减少运营者的工作量；另一方面，运营者可输出内容的深度、范围及类型有限，分享型用户可以帮助提升群内分享内容的丰富程度。分享型用户也会成为群内其他用户可连接的人际关系，分享型用户增多以后，社群的社交价值也会随之增加。

运营者可以通过以下两种方式增加社群内分享型用户的数量。

（1）邀请 KOL 进群。

运营者可以在日常的运营工作中积累一些行业相关的 KOL 资源，并且尝试联络和邀请 KOL 在社群内进行分享及答疑。

（2）发掘及培养群内用户。

运营者可以在群内发掘一些输出能力较强的用户，通过给予物质及精神层面的奖励鼓励这些用户在群内进行分享。同时，运营者也可以培养一些有输出潜力的用户，帮助其成长为社群中的分享者，这些用户在社群中获得成长与肯定后，其对社群的忠诚度及其在社群中的活跃度也会提升，可能会长期为社群带来价值。

2. 活跃型用户

活跃型用户在社群中所占的比例对社群活跃度有很大影响，但并非所有社群都需要大量的活跃型用户。例如，对于一些课程类社群或是需要长期在群内提供重要信息的社群而言，如果活跃型用户过多可能会加大其他用户接收及筛选信息的难度。所以，运营者需要根据社群的实际情况调整社群的活跃度，如果不希望社群活跃度过高，可以通过分时间段禁言或将社群拆分为"交流群"与"重要信息通知群"等方式，让社群维持理想的活跃水平。

如果运营者想提升社群的活跃度，需要先了解活跃型用户的心理动机，再制定相应的运营手段刺激用户在群内活跃。以下 4 种原因可能会提升用户的活跃度。

（1）在群内获得认可。

一些用户在群内交流的过程中，获得了运营者或者其他用户的认可和肯定，便容易获得心理上的满足感，进而变成积极互动的活跃型用户。运营者应该鼓励和引导群内用户多对他人的分享及发言给予肯定。

（2）认可社群价值。

用户如果对社群传递的价值比较认可，认为这是一个高价值的社群，就可能会比较活跃。所以运营者需要关注用户的需求，持续为用户提供价值。

（3）认可群主/KOL。

有些用户出于对群主或群内 KOL 的认可，也会在群内活跃，这类用户可能还会带动群内的正向舆论。运营者可以不定期通过私信的方式维护与这类用户的亲密关系，增强与他们的情感连接。

（4）用户间情感连接较强。

用户之间如果建立了较强的情感连接，也会增加在群内互动的频率，同时也容易带动其他用户一起参与交流，提升社群活跃度。所以运营者应该通过组织活动、发起话题、制作社群通讯录等方式帮助社群用户之间建立和加深情感连接。

3. 沉默型用户

沉默型用户很少参与社群内的交流与连接，但在多数社群中沉默型用户的占比是最高的，而且随着社群存在时间的延长，沉默型用户的占比可能还会提高。运营者可以批量私信沉默型用户，了解用户沉默的原因，及时解决沉默型用户普遍反映的问题。

另外，如果社群需要运营较长时间且对用户活跃情况要求较高，运营者也可以在必要时对社群内的沉默型用户进行适当的淘汰，将一些长期沉默且私信沟通效果较差的用户移除出群，并添加新用户。

▶▶▶ 7.3.3　通过社群运营 SOP 维护社群

SOP 是指将某一事件的标准操作步骤和要求以统一的格式描述出来，可以用于指导和规范日常的工作。

运营者想维持社群的活跃度，需要不断在群内完成内容输出、用户互动等大量的社群运营工作，这些工作内容繁杂、操作频率高，可能需要多个社群管理角色共同参与。运营者要保证社群运营工作的有效、无误，降低团队成员间的沟通成本，就需要制定出每日的社群运营工作操作的标准，也就是设计社群运营 SOP。运营者可以通过以下 3 个步骤设计社群运营 SOP。

1. 量化阶段性目标

运营者要将社群运营的总目标拆分为阶段性目标并进行量化。例如，通过社群运营帮助企业实现业绩增长是某社群运营的总目标，但这一目标对社群运营的日常工作没有很强的指导性，运营者需要对这一总目标进行拆分及量化。运营者可以根据社群运营的具体情况，设定当月必须通过目前已有的 10 个 500 人/个的社群实现 10 万元的业绩目标。

有了具体的、量化的阶段性目标后，运营者就可以制定相应的社群运营策略去实现这一目标。

2. 建立运营工作的基本框架

根据阶段性的运营目标，运营者需要思考可以通过哪些运营工作来达成这一目标。例如，企业要在 1 个月内通过 10 个 500 人/个的社群实现 10 万元的业绩目标，平均每个社群就需要实现 1 万元的业绩目标，运营者可以通过 1 次社群活动完成其中 7000 元的业绩目标，再通过日常的运营及维护完成剩下 3000 元的业绩目标。

这时，运营者就可以建立日常运营的基本框架，明确要达到这一业绩目标需要完成哪些运营工作。例如，运营者计划在该月内举办 1 次大型社群活动，同时需要每周在群内发布 2 次产品的广告链接、邀请 1 位用户分享产品使用心得、进行 1 次软文形式的群分享等。

3. 制定社群运营工作的步骤及规范

运营者需要将所有运营工作的步骤及完成规范梳理出来，具体为每天的详细工作事项，并标记好完成时间与责任人。运营团队的所有成员可以据此明确自己每天需要完成哪些工作，以及每项工作的完成步骤和标准。

思考与练习

思考一下：社群内的活跃型用户是否越多越好？为什么？

7.4 提升社群转化率

销售产品是企业运营社群的主要目的之一，但由于一般社群的用户人数有限，运营者必须通过提升社群的转化率才能帮助企业实现更好的变现效果。

▶▶▶ 7.4.1 社群在企业变现中的优势

社群在产品销售方面有很多优势。例如，企业可以通过社群高频触达用户、实现与用户的双向沟通，同时，运营者可以在社群中营造良好的氛围，让用户的购买意愿更加强烈。通过社群，运营者还可以同时服务多个用户，使用户运营工作更加高效。运营者想要提升社群的转化率，就要充分发挥社群的这些优势。

1. 高频触达用户

企业可以通过社群长期、高频地触达用户，有更多的机会让用户了解及认可产品。运营者在社群运营的过程中不必频繁"刷屏"产品广告，以免引起用户的反感。运营者应该多在社群中为用户提供价值，促进社群活跃度的提升，再采取"硬广"和"软广"结合的方式进行产品宣传。完成前面的动作后，运营者可以通过举办社群活动等运营手段提升产品的销售转化率。

2. 与用户双向沟通

运营者可以在群内实现与用户的双向沟通，在向用户输送信息的同时也可以了解到用户的需求及想法，这能够帮助运营者制订出更有效的社群运营方案，从而提升产品的销售转化率。运营者需要注意记录和收集用户在社群中的反馈并进行分析，再根据分析结果思考是否需要对社群运营方案进行调整。

3. 营造良好氛围

社群中汇聚了大量的用户，群内的用户也会相互产生影响，所以运营者可以通过在群内营造良好氛围的方式帮助用户快速建立对品牌及产品的信任，并且激发用户的购买欲望。运营者需要随时关注社群的氛围，多在社群内培养一些"铁粉"。

4. 可同时服务多个用户

运营者可以在社群中同时服务多个用户，使用户运营工作更加高效，同时也帮助企业降低人工成本。值得注意的是，运营者必须保证同一个社群内所有用户的用户画像一致，否则可能会导致社群运营手段无法针对绝大多数用户，从而影响社群运营的效果。

▶▶▶ 7.4.2 设计高转化率的社群活动

运营者经常需要举办社群活动来提升产品的销售转化率。社群活动运营的方法可以参考本书第 5 章中的内容，在此基础之上，运营者还可以结合社群的特点，对活动运营细节做一些调整和优化。以微信群为例，一场社群活动的完整流程基本可以划分为以下 7 个步骤，运营者可以有针对性地对每个步骤中的运营动作进行调整和优化。

1. 活动预告

运营者需要根据活动的规模，在活动开始前 2～3 天着手进行活动预告，提升用户对活动的期待值。运营者可以通过微信朋友圈、社群、微信公众号、私信等方式告知用户活动信息。

2. 邀请用户进群

如果活动需要在新建立的社群中举办，运营者就需要在活动开始前先邀请用户进群。由于部分用户因为某些因素无法及时看到进群邀请，可能导致出现延迟进群的情况，所以运营者需要在活动前一段时间邀请用户进群，一般可以在活动当天，提前 3 个小时以上开始邀请用户。

运营者在邀请用户时要向其介绍活动的基本情况，并明确告知进群后需要遵守的群规，以降低用户进群后的管理难度。

3. 群内预热

部分用户可能会屏蔽社群消息，所以社群活动开始之前，运营者需要在群内进行活动预热，吸引用户关注活动。运营者可以通过发放福利的方式进行活动预热，在吸引用户注意力的同时也可以活跃群内的气氛。

4. 活动执行

在活动执行过程中，运营者需要注意以下事项。

（1）用户的注意力有限，活动时间不宜过长，最好控制在1个小时内。

（2）在活动过程中要不断穿插一些福利，以吸引用户的注意力。

（3）在产品销售时可以鼓励已购用户在群内"晒单"，带动其他用户购买。

（4）可以在活动前联络老用户，给予一定的福利，请老用户在群内帮助营造氛围，如积极响应活动主持人的提问、分享购买心得等。

5．舆论控制

用户在群内的发言可能会对其他用户产生一些影响。如果群内出现一些有损品牌及产品形象的言论，可能会对社群活动产生很大的负面影响，运营者需要注意对群内舆论的控制。

运营者可以通过严格筛选进群用户以及在用户进群前告知群规的方式降低不良舆论出现的概率，尽可能筛除一些不认可品牌及产品的非精准用户，并保证进群用户都已经知晓群规。

在群内出现不良言论时，必要时运营者可先将发表不良言论的用户移出社群，一对一为用户解决问题，待问题解决且用户情绪平复后，再考虑将用户重新邀请进群。同时，运营者需要控制不良言论对活动及社群的负面影响，运营者可以根据不良言论的具体内容确定是否需要在群内进行解释或者通过其他话题将问题淡化，转移其他用户的注意力。如果言论内容已经引起多数用户的注意，且可能使其他用户对品牌或产品产生误解，则运营者需要对此进行简单的解释。例如，如果有用户之前购买到不合格的产品，在群内宣扬对品牌的售后服务不满的言论，运营者可以将用户移出群后在群内对售后范围及售后规则进行说明和承诺，请其他用户放心购买。

6．解散社群

如果社群不需要长期运营，运营者就要在活动结束后解散社群。解散社群之前应该先通过群公告通知用户社群即将解散，避免用户对被移除出群产生不必要的误解。同时运营者也可以告知用户客服的联系方式，方便用户联络、咨询。

7．数据分析

运营者需要对活动过程中群内产生的聊天记录进行回顾和梳理，提取其中的重要内容，并整理好活动相关数据，用于对活动效果进行评估及分析，及时完成活动的复盘工作，总结活动经验。

▶▶▶ 7.4.3　快闪群玩法，快速成交用户

快闪群，是指运营周期较短的社群，通常在活动前组建，活动结束后就会解散。与长期运营的社群相比，快闪群留存时间较短，不需要专人长期进行维护，降低了企业社群运营的成本及难度，但无法持续为企业带来收益。快闪群和长期社群相比各有优势，运营者需要根据具体情况决定运营哪种社群，以便完成企业的社群运营目标。一般来说，在以下 3 种情况下更适合运营快闪群。

1. 产品复购率低

如果产品本身的复购率比较低，就会导致社群长期运营仍然无法达到高购买率和高收益，社群运营的回报率也会较低。

与之相对应的，高复购率的产品更适合通过长期运营的社群来转化。例如，社区生鲜类产品的目标用户主要是在店铺附近居住的小范围用户，目标用户总数有限，企业无法通过持续大规模吸引新用户来实现业绩增长。且生鲜类产品属于高复购率产品，如果使用快闪群进行运营，反而容易造成流量的浪费以及用户沟通成本的增加，影响企业的长期收益。

2. 部分服务类产品

有些服务类产品本身就是社群服务，如果运营者再运营一个长期的免费社群，且无法对两个社群的服务内容做出非常明显的区分，就会导致用户购买付费社群服务的意愿降低。

例如，某营养师饮食指导付费社群主要在群内为用户提供专业的饮食建议，群内的营养师会对用户日常的饮食进行评分和指导，用户需要交纳一定的费用才可以进群享受服务。如果该社群的运营者同时运营一个免费的长期社群，并且要同时保证免费社群的质量，将很难对两个社群的服务进行明显的区分，反而容易降低用户购买付费服务的意愿。如果运营者可以定期通过快闪群举办各种活动，向用户宣传产品并刺激购买，反而可以与长期付费社群形成联动，刺激用户消费。

3. 举办大型活动

社群的活跃度可能会随着社群的运营时间增长而下降，很多用户虽然没有退出社群，但可能已经屏蔽了社群，转入长期"潜水"的状态，所以在长

期运营的社群中举办活动，用户不一定能有效关注到活动信息并及时参与，反而影响活动效果。对于这种情况，运营者可以日常运营一个长期的社群，并在大型活动时临时组建快闪群，重新引起用户的关注。

思考与练习

思考一下：是否所有类型的产品都适合通过社群销售？

课后习题 ●●●

1．企业通过社群运营可以达到哪些目的？

2．用户可以通过社群获得哪些类型的价值？

3．运营者可以通过哪些方法提升社群的活跃度？

4．社群运营过程中如果出现了不良舆论，要如何处理？

5．哪些情况下运营者应该选择运营一个快闪群而非需要长期维护的社群？

第8章
新媒体运营案例拆解

【学习目标】
➢ 了解如何通过拆解案例获取新媒体运营经验。
➢ 了解拆解案例的三个步骤。
➢ 了解如何拆解平台运营案例。
➢ 了解如何拆解活动运营案例。
➢ 了解如何拆解个人品牌运营案例。

案例拆解是运营者快速积累运营经验、提升运营水平的常用方法之一。通过案例拆解，运营者可以学习和借鉴到好的运营方法及创意，也可以提前了解一些在运营过程中可能出现的错误，减少运营工作的失误。所以，运营者应该学习案例的拆解方法及步骤，通过案例拆解快速获取新媒体运营经验，不断提升运营能力。

8.1 通过案例拆解，获取新媒体运营经验

运营者之所以可以通过案例拆解获取新媒体运营经验，是因为运营者在案例拆解的过程中可以带入场景，思考案例中的运营者所实施的运营手段与运营结果之间的因果关系，提炼出案例中的亮点及缺陷，并且复用到自己日后的工作中。

▶▶▶ 8.1.1　打造新媒体运营案例库

案例拆解是一个积累的过程，运营者很难仅通过一两次案例拆解就获得运营能力的巨大提升。运营者需要经常找一些有借鉴价值的案例进行拆解，并将各种不同类型的案例收集起来打造个人案例库，作为获取新媒体运营经验的重要途径之一。

案例库中的案例一定要分类存放，才能在收集的案例增多后便于查找。运营者可以搭建自己运营工作的基本框架，将运营工作拆分为多个环节，并针对每一环节收集和拆解案例。例如，某运营者希望搭建社群运营相关案例的案例库，于是结合自己的实际需求，将社群运营工作分为了包括群规设置、社群活动玩法、社群福利在内的多个环节，并针对社群运营案例的每个环节找到一些优秀的案例进行拆解。在之后的社群运营工作中无论进行到哪一环节，该运营者都可以快速找到该环节的相关案例，找到案例中可复用的部分。

案例可以存放于印象笔记、有道云笔记、OneNote 等笔记类软件中，运营者按照自己的习惯及需求选择即可。通过印象笔记收藏案例如图 8-1 所示。

图 8-1　通过印象笔记收藏案例

▶▶▶ 8.1.2　快速从案例拆解中获得提升的 3 个技巧

使用正确的方法进行案例拆解，才能帮助运营者积累运营经验。运营者可以通过以下 3 个技巧更快从案例拆解中获得提升。

1. 成功经验和错误教训都要拆解

一些运营者可能存在这样的误解，认为拆解案例主要是学习案例中的成功经验，但其实通过发现和总结案例中可优化的环节，吸取错误教训也能帮助运营者获得很大的提升。即使是运营经验丰富的运营者，也很难保证所有运营手段都绝对正确和有效，学习失败经验，运营者可以避免在今后的运营工作中出现类似的错误。

例如，某企业的运营者在拆解同行活动案例时发现，拆解对象的活动主题、活动流程等设计都相对完善，但其运营者在通过私信进行课程销售时，会频繁给用户发送推销信息，如图 8-2 所示，做拆解的运营者分析后认为，频繁私信可能会打扰用户，在今后举办类似活动时应该避免。

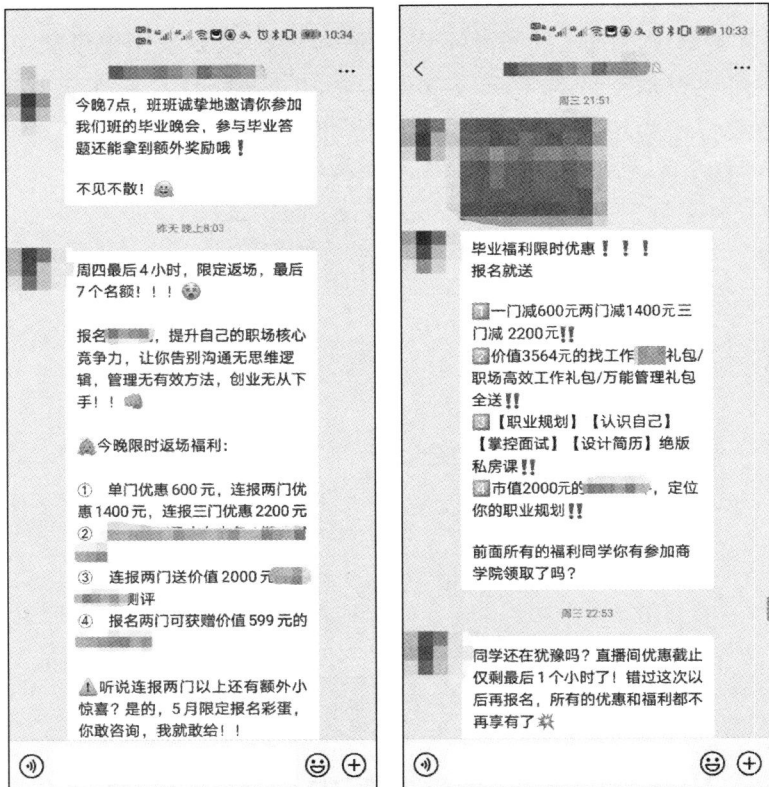

图 8-2 频繁私信用户的反面运营案例

2. 选择有价值的部分进行拆解

运营者在拆解案例的过程中会发现，有的案例可能只有部分内容值得借鉴。并且，拆解一个完整的案例往往要花费较多的时间与精力，完整拆解每一个案例可能会导致部分运营者通过案例拆解提升运营能力的效率较低。所以运营者可以尝试对于部分案例仅选择其中有价值的部分进行拆解。

例如，某企业的运营者计划在微博平台举办一次抽奖活动，希望通过该活动为企业微博账号"涨粉"。该企业的运营者在设计活动海报时希望通过案例拆解获得一些灵感，经过查找后发现某电商品牌在淘宝平台举办抽奖活动的活动海报值得借鉴，这时，运营者只需对该海报进行拆解即可，不需要对电商品牌的整场活动进行拆解。

3. 借鉴他人的案例拆解方法

案例拆解需要运营者有一定的运营能力作为基础，如果运营者自身的运营经验不足，其在拆解案例时可能会遇到拆解深度不够的问题，不能通过分析有效得出案例中可以学习和复用的部分。

运营者如果发现自己在拆解案例时深度不够，可以先学习他人的案例拆解过程，了解运营经验丰富的运营者拆解案例的流程及其在拆解过程中的重点关注事项，再找一些类似的案例尝试自己拆解，逐步提升自己的运营能力。

思考与练习

找任意一张活动海报，通过寻找海报中可优化的部分提升自己活动海报设计的经验。

8.2　案例拆解的步骤及误区

运营者可以按照既定的流程拆解案例，提升案例拆解的效率，同时避免案例拆解工作出现遗漏。运营者还应该注意规避案例拆解过程中常见的误区。

▶▶▶ 8.2.1　选择拆解对象，收集案例数据

运营者首先要选择合适的案例拆解对象，并收集案例数据作为案例拆解工作的依据。

1．挑选目标案例的标准

运营者在选择要拆解的案例时要考虑案例对自己的运营工作是否具备较大的参考价值，如果一些优秀案例与自己的运营工作相关度不高，可复用的内容就会相对较少。运营者在挑选合适的案例时，可以思考以下 3 个问题。

- 该案例与自己的运营工作是否存在较大的关联？
- 该案例中是否有可复用的内容？
- 该案例中是否有需要优化的内容？

2．收集案例数据

运营者如果需要案例的详细数据，可以通过数据分析工具查找案例数据，数据分析工具的介绍可参考本书第 2 章 2.4.2 小节中的内容。

▶▶▶ 8.2.2　撰写案例拆解报告

完整的案例拆解报告中应该包含案例背景、活动流程、可优化部分及可复用部分四项内容。运营者可以通过撰写案例拆解报告完成案例拆解的全部过程，在之后复习案例时，运营者也可以通过阅读案例拆解报告快速回忆起案例中可借鉴的经验。

1．案例背景

运营者应该了解案例发生的背景，包括案例所属的行业、案例目标、案例目标用户等。了解案例背景能让案例拆解工作更有针对性。

2．活动流程

运营者需要按照时间线对活动的完整流程进行梳理，将活动拆分为多个关键环节，并对案例各个环节中所运用的运营手段与其运营目的及所达到的运营效果之间的关联进行深入分析和思考。

3．可优化部分

一些成功案例中可能也会存在可优化的部分，运营者可以带入场景中进行深度思考，找出可以优化改进的部分，在以后的运营工作中避免出现类似的问题。

4．可复用部分

一个案例中可能有很多亮点，但并非每一个亮点都可以被运营者复用，可复用的内容必须能对运营者的运营工作产生指导作用。运营者需要对案例中可复用的部分进行重点标记，并在之后的运营工作中学以致用，其余不具备可复用性的案例亮点，运营者可以简单了解，拓宽自己的运营思路。

▶▶▶ 8.2.3 案例拆解常见误区

在案例拆解中，有一些常见的误区可能会导致运营者无法获取正确的运营经验，应该注意规避。

1. 照搬抄袭

运营者拆解案例是为了学习经验并复用在日后的运营工作中，但复用不等于照搬，运营者应该理解案例的底层逻辑，学习案例中运营者的运营思路，而不是完全复制案例中的运营手段，直接套用。运营工作要取得良好的效果，运营者必须根据实际情况制定有针对性的运营方案，照搬的运营方案不一定能解决自己的实际问题，很可能导致无法获得理想的运营结果。想避免照搬和抄袭的情况发生，运营者应该学会明确运营手段和运营结果之间的因果关系，学习案例中的运营思路。

2. 反复拆解雷同案例

运营者可以通过拆解多个相似的案例来加深对某一类案例运营思路的印象，但如果过度重复寻找雷同的案例进行拆解，在后期则很难再通过案例拆解获得运营能力的更多提升。运营者在已经掌握某一类案例的运营思路后，可以尝试寻找其他类型的案例进行拆解，以获取新的运营经验。

思考与练习

假设你是一家服装企业的运营者，计划在"双 11"当天推出一个促销活动，请尝试挑选一个案例拆解对象。

8.3 平台运营案例拆解："丁香医生"的新媒体崛起之路

某运动健康类 App 企业希望在抖音开通官方账号，通过在抖音运动、健康领域的相关内容积累粉丝，扩大品牌的知名度与影响力。但由于缺乏抖音运营的相关经验，希望通过案例拆解借鉴其他运营者在抖音平台的运营经验。

▶▶▶ 8.3.1　选择拆解对象

该企业的运营者选择丁香医生作为拆解对象，因为丁香医生与该企业同属健康科普领域，目标用户有较多重合，且丁香医生自 2018 年 4 月运营抖音账号以来，截至 2021 年 5 月已经积累了 9359 万粉丝，成为抖音健康科普类"头部"账号，其成功经验值得借鉴。

▶▶▶ 8.3.2　案例拆解思路

由于抖音是内容平台，运营者主要靠内容运营以实现账号粉丝增长，以及完成提升品牌知名度及影响力的运营目标，所以在拆解丁香医生的抖音平台运营案例时，需重点拆解丁香医生在抖音的内容运营思路。

运营者决定阅读并分析丁香医生在抖音发布的内容，尤其重点关注获赞量较多的内容，并阅读内容的评论区，了解用户对内容的评价与反馈。

▶▶▶ 8.3.3　案例拆解过程

通过本次案例拆解，运营者可以得到丁香医生抖音平台运营以下几方面的经验。

1．内容形式及更新频率

抖音是以短视频内容为主的新媒体平台，虽然抖音目前已经允许用户发布 1 分钟以上的视频，但在案例拆解的过程中可以发现，在丁香医生发布的部分长视频的评论区，获得点赞数前两名的两条评论都是提议缩短视频时长，累计获得了 1000 多名用户点赞。可见，抖音官方及抖音用户都更偏好时长较短的视频内容，如图 8-3 所示。

同时，丁香医生基本保持每天更新 1～3 条内容的频率，通过高频率、高质量的内容提高用户的关注率。

2．内容选题

丁香医生的内容选题一方面需要在健康科普这一范围内，另一方面也要符合目标用户的内容偏好。运营者对丁香医生几篇点赞数较多的内容进行分析后发现，由于丁香医生的目标用户中年轻女性居多，所以一些与健身、健康饮食、美容等相关的内容更容易获得用户的喜爱，如图 8-4 所示。

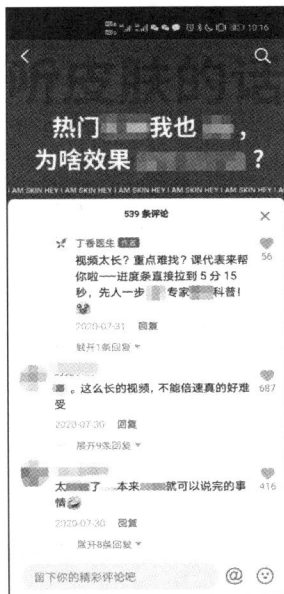

图 8-3　用户在评论区要求缩短视频时长

| 健身类内容 | 健康饮食类内容 | 美容类内容 |

图 8-4　丁香医生的内容选题

3. 内容风格

抖音是娱乐型的内容平台，抖音用户也更倾向于阅读娱乐化的内容。对丁香医生在抖音平台发布的内容进行拆解后可以发现，丁香医生的内容幽默风趣，通过"小剧场"、动画等形式的内容向用户进行健康科普，增强了内容的趣味性，如图 8-5 所示。

科普"小剧场"　　　　动画

图 8-5　丁香医生内容风格

▶▶▶ 8.3.4　案例拆解启发

通过本次案例拆解，该运动健身类 App 的运营者可以获得以下 3 个重要启发。

第一，内容的形式应该符合平台及用户的内容偏好，抖音是短视频平台，运营者应该以制作及发布 1 分钟以内的短视频为主。

第二，运营者在进行内容选题时，要考虑抖音用户的阅读偏好，同时不能偏离品牌及产品，要做到两者兼顾。

第三，运营者在确定内容风格时，要绘制用户画像，根据用户画像来确定内容风格，保证内容引起用户的阅读兴趣。

尝试找一个你喜欢的品牌，对其微博账号进行案例拆解，思考你能从该品牌的微博运营案例中获得哪些启发。

8.4 活动运营案例拆解："蜜雪冰城"品牌传播活动案例

某糕点品牌在全国多个城市有线下实体店，目前也在多个新媒体平台运营账号，进行品牌及产品宣传。为了进一步扩大品牌的知名度及影响力，该企业的运营者计划策划一场活动，帮助企业实现品牌传播。由于运营团队缺乏策划类似活动的经验，希望通过拆解类似活动案例获取相关经验。

▶▶▶ 8.4.1 选择拆解对象

"蜜雪冰城"是一个以经营新鲜冰淇淋及茶饮为主的全国饮品连锁品牌。该品牌的目标用户以年轻女性及学生为主。2021 年 6 月，"蜜雪冰城"的主题曲正式发布，该品牌的部分门店也顺势推出了"挑战唱主题曲免单"活动，用户在"蜜雪冰城"的部分线下门店演唱品牌主题曲，即可获得"免单"福利。

活动推出后，大量用户到"蜜雪冰城"门店参与活动，并录制视频上传至抖音、微博、哔哩哔哩等新媒体平台，导致品牌主题曲及活动相关信息在各大新媒体平台获得广泛的传播。随后，"蜜雪冰城"官方借势又推出了"父亲节"活动，用户给父亲唱"蜜雪冰城"主题曲，并录制视频按要求发布在微博或抖音平台，就有机会获得奖励。借助"父亲节"活动，"蜜雪冰城"的品牌"热度"持续增长。

该糕点品牌的产品类型与"蜜雪冰城"相似，且经营手段都是在全国各地开设线下实体店，同时在多个新媒体平台运营账号进行品牌宣传，二者的目标用户也基本重合，所以该糕点品牌的运营者决定拆解"蜜雪冰城"此次活动的案例，获取策划品牌传播活动的经验。

▶▶▶ 8.4.2 案例拆解思路

为了使案例拆解工作的思路更加清晰，运营者在拆解活动案例时，可以从以下几个角度出发进行深度拆解与思考。

（1）按照时间顺序进行案例拆解，记录下整个活动中的所有关键节点。

（2）关注"蜜雪冰城"在各大新媒体平台发布的活动相关内容。

（3）关注用户在各大新媒体平台发布的活动相关内容。

▶▶▶ 8.4.3 案例拆解过程

通过对"蜜雪冰城"品牌传播活动的拆解，运营者可以得到"蜜雪冰城"此次活动的策划经验。

1. 活动共分为两个阶段

"蜜雪冰城"的活动共有两个阶段：第一阶段的活动为"挑战主题曲免单"活动，仅有"蜜雪冰城"的少部分门店参与，此阶段"蜜雪冰城"在各大新媒体平台的官方账号仅发布了品牌主题曲，并未发布活动信息；第二阶段的活动为"父亲节"活动，活动由"蜜雪冰城"官方发起，品牌在微博和抖音的官方账号都发布了活动信息，如图 8-6 所示。

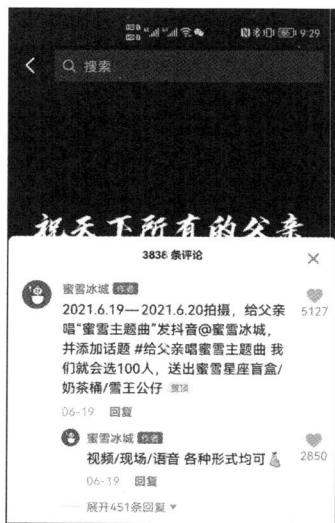

图 8-6 "蜜雪冰城"在微博和抖音发布"父亲节"活动信息

由于"蜜雪冰城"的门店数量较多，所以举办活动的管理成本、人力成本及费用投入都会相对较高。"蜜雪冰城"先在小范围内举办活动，在获得市场反馈验证活动效果后，再顺势推出相关活动，能帮助企业节省更多的成本。

2. 在多个平台进行活动宣传

"蜜雪冰城"在活动前就在多个平台发布了品牌主题曲的相关内容（见图8-7），实现了品牌主题曲的第一轮传播，后续又重点在抖音和微博两个平台发布了"父亲节"活动的宣传内容，使品牌及活动被更多用户知晓。

图 8-7 "蜜雪冰城"在多个平台宣传品牌主题曲

3. 选择主题曲作为传播的主体

在此次活动中，传播的主体是"蜜雪冰城"的主题曲。选择主题曲作为传播主体是活动取得良好效果的重要原因之一，这是因为"蜜雪冰城"的主题曲有以下几个重要特征。

- "蜜雪冰城"的主题曲的时长很短，朗朗上口，容易给用户留下深刻印象，有很高的传唱度。

- 在抖音等新媒体平台，有大量的年轻人喜欢音乐相关的内容，以各种不同的风格及形式演唱主题曲有趣味性，容易吸引用户的关注。

- 据"蜜雪冰城"在知乎平台官方账号所发布的内容，其主题曲的歌词及 MV 中的动画形象表达了"蜜雪冰城"对顾客、客户（加盟商）和员工的诚意，是"蜜雪冰城"企业价值观的体现，如图 8-8 所示。在活动获得用户关注的过程中，"蜜雪冰城"也向用户宣传了品牌精神。

图 8-8 "蜜雪冰城"主题曲 MV 及歌词含义

4．用户积极参与品牌传播

与普通活动不同，在"蜜雪冰城"的此次活动中，用户不再仅仅是消费者的角色，也积极地与品牌互动。在抖音等平台搜索关键词"蜜雪冰城"，可以看到大量由普通用户创作的相关内容（见图 8-9），很多内容都获得了大量的用户点赞。

图 8-9　抖音"蜜雪冰城"话题下的用户原创内容

相较于生硬的广告，这些由用户自主创作的内容更有趣、生动，更容易在新媒体平台获得广泛的传播，并且企业无须为这些内容支付高昂的推广费用。

▶▶▶ 8.4.4　案例拆解启发

通过本次案例拆解，运营者至少可以获得以下 4 个重要启发。

第一，企业在活动初期可以先优选部分门店作为"试点"，小范围测试活动效果，同时也可以为后续活动进行预热。

第二，运营者应该在所有正在运营的新媒体平台发布多条活动信息，让活动的覆盖面更广，以获得更好的传播效果。

第三，运营者应该选择易于传播且能向用户传达企业文化的内容作为传播主体，如品牌的主题曲、标语、口号及吉祥物等。

第四，运营者在策划活动时要考虑为用户提供广阔的创作空间，鼓励用户参与到内容的创作及传播中来。

思考与练习

尝试找一个你认为有价值的活动案例进行拆解。

8.5 个人品牌运营案例：秋叶大叔打造个人品牌之路

某英语培训机构决定为旗下的几位英语老师打造个人品牌，从而帮助企业提升在行业内的知名度和影响力，同时带动课程的销量。该企业的运营者决定通过拆解一些优秀的个人品牌案例，学习打造个人品牌的方法。

▶▶▶ 8.5.1 选择拆解对象

为了找到从 0 到 1 打造个人品牌的有效方法，该企业的运营者决定选择职场领域新媒体名人秋叶大叔作为拆解对象，原因有以下两点。

第一，秋叶大叔从 0 起步，成功打造了个人品牌。如今，秋叶大叔在微博、微信公众号、今日头条、抖音、微信视频号等多个新媒体平台都积累了大量的粉丝，在职场领域具备了较强的影响力，其成功经验值得借鉴。

第二，该英语培训机构属于教育培训行业，与秋叶大叔所在的职场领域比较接近，且在秋叶大叔运营的产品中也有课程类产品，运营经验可以借鉴。

▶▶▶ 8.5.2 案例拆解思路

秋叶大叔早从 2002 年起就开始涉足互联网，在多个平台运营过账号，经历过个人品牌打造的多个不同阶段。因此，对秋叶大叔个人品牌案例的拆解思路如下。

1. 记录个人品牌发展历程

运营者应该记录秋叶大叔个人品牌打造过程中的里程碑事件，并整理出个人品牌发展路线图，如图 8-10 所示。

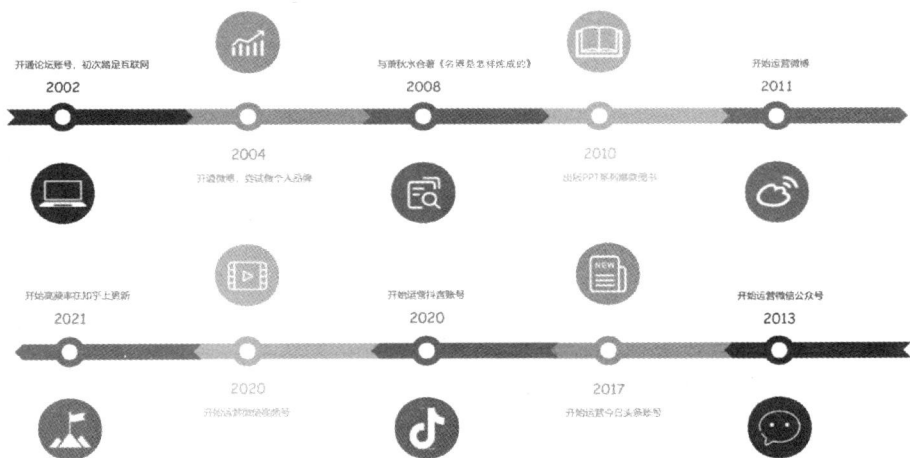

图 8-10　秋叶大叔个人品牌发展路线图

2. 详细分析秋叶大叔的平台运营思路

关注秋叶大叔进入各大新媒体平台的时间，并分析其在各大新媒体平台的运营思路。

3. 详细分析秋叶大叔发布过的内容

关注秋叶大叔在各大新媒体平台发布的内容，分析如何通过内容运营打造个人品牌。

▶▶▶ 8.5.3 案例拆解过程

通过本次案例拆解，运营者可以总结出秋叶大叔打造个人品牌的 5 个可借鉴经验。

1. 平台思维，借势发力

想借助新媒体平台打造个人品牌，需要在合适的时候挑选合适的平台进行发展，运营者需要具备平台思维。

第一，先重点发展一个平台。秋叶大叔在打造个人品牌的初期并没有在多个新媒体平台同时运营账号。在 2010 年至 2012 年微博正鼎盛发展的这一时期，秋叶大叔通过重点运营微博平台的账号积累了一批粉丝，获得了巨大的红利，这一阶段也是秋叶大叔个人品牌打造过程中的重要阶段。

先重点发展一个平台，是因为运营者在打造个人品牌的初期很难有足够的能力和精力兼顾多个平台的运营工作，将所有的精力和资源集中在一个平台发力更容易取得成功。并且，在一个平台快速发展且具备一定的影响力后，运营者也更容易获得平台的支持。

第二，当运营一个平台的账号取得了一定的成绩，运营者就可以开始考虑多个平台共同发展，在多个平台打造个人品牌，形成更强大的势能。秋叶大叔目前在多个新媒体平台都积累了大量的粉丝，如表 8-1 所示。

表 8-1　截至 2021 年 5 月，秋叶大叔在多个新媒体平台的粉丝数

平台	运营起始时间	粉丝数
微博	2010 年	130 万
抖音	2020 年	31.6 万
今日头条	2017 年	30.4 万
知乎	2021 年开始大量更新	8.5 万
微信公众号	2013 年	22 万
微信视频号	2020 年	8 万

2. 精准定位，打造个人品牌标签

个人品牌要有明确的定位和清晰的标签，才能让用户快速建立起对个人品牌主体的认知。例如，秋叶大叔在打造个人品牌初期的标签是"秋叶PPT"，这期间秋叶大叔发布的内容很多都是和PPT相关的，久而久之，"秋叶PPT"就成为秋叶大叔的个人标签。现今，秋叶大叔希望对个人品牌标签进行升级，打造"秋叶商学院"创始人的个人品牌标签，于是在各大新媒体平台发布的内容都以职场相关内容为主，如图 8-11 所示。

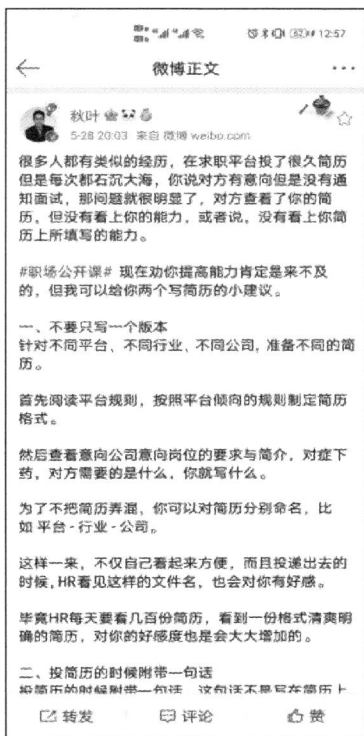

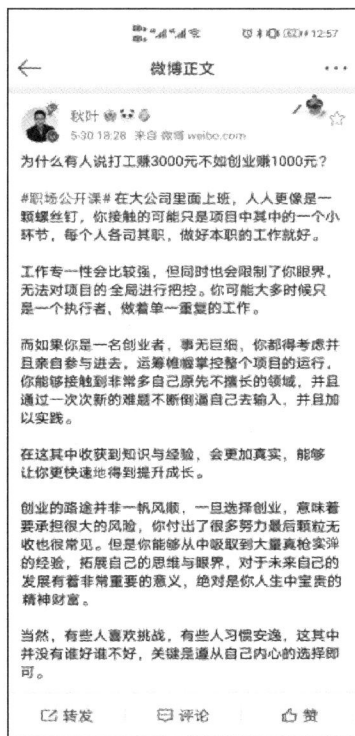

图 8-11 秋叶大叔发布的职场类内容

3. 持续稳定地输出内容

创作者进行持续稳定的内容输出，才能强化用户对个人品牌的认知。秋叶大叔在多个新媒体平台都一直保持着持续稳定的内容输出。例如，其微信公众号每天坚持发布 1 篇文章，微博自 2010 年运营至 2021 年 5 月已经累计发布 8000 多条微博内容，如图 8-12 所示。

4. 拉近距离，写有温度的内容

秋叶大叔在新媒体平台除了发布与职场相关的专业内容外，偶尔也会分享一些生活动态，如图 8-13 所示。这样有温度的内容可以拉近秋叶大叔与用户的距离，增强用户的好感度，有利于快速打造个人品牌。

5. 人脉思维

秋叶大叔在各大新媒体平台经常与其他内容创作者互动，彼此之间互相赋能，加快了秋叶大叔在各平台的知名度与影响力的提升，有利于提升其个人品牌打造的速度与效果，如图 8-14 所示。

图 8-12　秋叶大叔持续稳定地输出内容

图 8-13　秋叶大叔分享生活动态，拉近与用户的距离

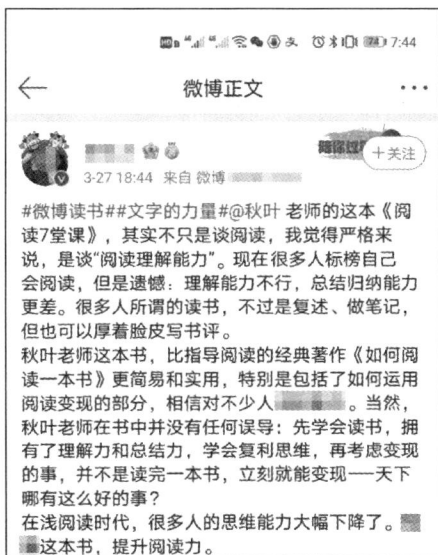

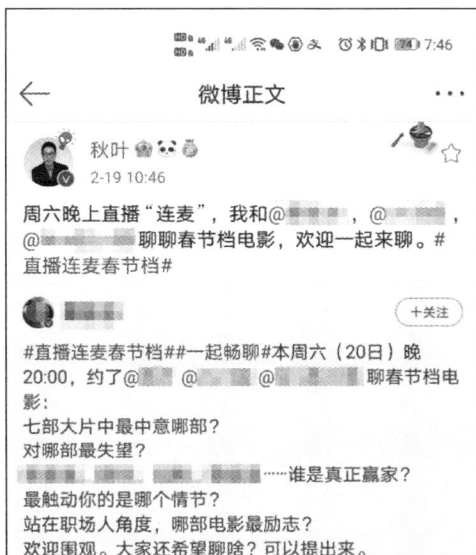

图 8-14 秋叶大叔与其他内容创作者互动

▶▶▶ 8.5.4 案例拆解启发

通过本次案例拆解，运营者可以得到个人品牌打造的 5 点重要启发。

第一，运营者应该具备平台思维，先在一个平台重点"发力"，再多个平台共同发展。

第二，运营者要对个人品牌做出精准定位，再根据个人品牌定位确定个人品牌标签，并围绕标签在各大新媒体平台进行内容运营。

第三，运营者需要在新媒体平台维持稳定、高质量的内容输出。

第四，运营者输出的内容应该专业，也要有温度，拉近与用户的距离。

第五，运营者应该多与同行业的内容创作者互动，互相借势，加快个人品牌打造的速度。

思考与练习

请选择你喜欢的个人品牌案例进行拆解。

课后习题

1．请简述如何对案例库中的案例进行分类。

2．请简述通过案例拆解快速获得提升的 3 个技巧。

3．请简述案例拆解中有哪些常见的误区。

4．挑选目标案例有哪些具体标准？